智能制造

图说新质生产力2

图蓝 赛启团队◎著

科学普及出版社
·北　京·

图书在版编目（CIP）数据

图说新质生产力 . 2, 智能制造 / 图蓝，赛启团队著 . 北京 : 科学普及出版社，2025. 7. -- ISBN 978-7-110-10986-1

Ⅰ. F120.2-64

中国国家版本馆 CIP 数据核字第 20256SN669 号

策划编辑	杜凡如　何英娇	**责任编辑**	何英娇　孙　楠
封面设计	潜龙大有	**版式设计**	愚人码字
责任校对	吕传新	**责任印制**	李晓霖

出　　版	科学普及出版社
发　　行	中国科学技术出版社有限公司
地　　址	北京市海淀区中关村南大街 16 号
邮　　编	100081
发行电话	010-62173865
传　　真	010-62173081
网　　址	http://www.cspbooks.com.cn

开　　本	880mm × 1230mm　1/32
字　　数	126 千字
印　　张	7
版　　次	2025 年 7 月第 1 版
印　　次	2025 年 7 月第 1 次印刷
印　　刷	大厂回族自治县彩虹印刷有限公司
书　　号	ISBN 978-7-110-10986-1
定　　价	59.00 元

学术指导：

中国技术经济学会

审读专家：

李开孟（中国国际工程咨询有限公司总经济师、专家学术委员会副主任，中国技术经济学会党委书记、理事长，中国工程咨询协会技术经济专业委员会主任委员）

王宏伟（中国社会科学院数量经济与技术经济研究所研究员，中国社会科学项目评估与战略规划研究咨询中心主任，中国技术经济学会常务副理事长）

前言

PREFACE

作为“图说新质生产力”丛书中的一册,《智能制造》围绕着现代制造业的转型与创新，全面介绍了智能制造在产业升级和经济发展中的作用，特别是在推动新质生产力提升中扮演的关键角色。

本书内容不仅面向青少年，还面向产业政策的执行者、科技创新的传播者、科技成果的创造者，以及所有对科技知识充满好奇并愿意学习的人群。本书通过简明而深刻的文字与生动的插图，深入探讨了智能制造的核心概念和前沿技术，帮助读者全面了解这一领域的最新动态与趋势。

在本书中，我们探讨了制造业如何在智能化进程中不断“进化”，以及工业机器人技术如何融入各类应用场景，助力高效生产。数据驱动的智能工厂极大提升了生产效率和产品质量，与此同时，3D 打印、数字孪生、边缘计算等颠覆性技术也在创新制造模式中发挥着关键作用。通过本书我们将看到，无人车间的繁忙与有序，以及绿色生产方式如何有效平衡经济利益与环境保护，实现双赢局面。

此外，本书还将重点讨论智能制造如何满足个性化需求，以及跨越时空的合作如何推动智能制造的快速发展。通过对这些主题的解析，我们旨在帮助读者更好地理解这一转型过程中所面临的机遇与挑战。

在当前瞬息万变的科技时代，智能制造不仅是提升新质生产力的重要途径，也是实现产业可持续发展的战略选择。本书通过历史与现实中的案例，讲述智能制造如何改变传统产业格局。无论你是行业从业者、学术研究者，还是科技爱好者，了解智能制造的前沿动态和未来趋势，将为你的学习与实践带来深远的启示。

图蓝

2025 年 3 月于北京

目录
CONTENTS

1

第一章

不断“进化”的制造

随着人工智能和数字技术的迅猛发展，制造业也正在加速“进化”，制造方式由传统的劳动密集型模式向智能化、数字化、自动化的方向转型。智能制造不仅提升了生产效率，也推动了产业结构的优化升级，有力促进了新质生产力的发展。

一、人类制造的起源

早在原始社会，我们的祖先就学会了制造简单的石器、骨器和木器，用于狩猎野兽、采集果实和谷物，以及抵御猛兽和敌人的侵袭。

自从学会了用火之后，古代先民逐渐掌握了手工制陶和烧制陶器的技术，陶器用于储存食物和水，从而极大地改善了生活条件，这标志着人类手工业生产开始形成。

大约公元前 8000 年，人类祖先开始选育农作物，驯化牲畜，从而开启了“农业革命”。

农业革命也推动了纺织和编织技术的发展，人们开始使用天然纤维纺织衣物、缝制渔网等。

进入文明社会后，手工业进一步发展并与农业分离，成为独立的经济部门。

古埃及的金属工艺品加工工艺精美且复杂，古埃及人创造出了精致的宗教器物、装饰品、武器和日用品。

商周时期，中国的古人制造出青铜器，那时中国的青铜冶炼技术达到世界领先水平。工匠们掌握了精确的合金比例，将铜、锡和铅冶炼并铸造出品类繁多的青铜器。

商周时期的青铜冶炼技术

二、手工业的繁荣

手工业者逐渐形成了专业化分工，如制陶匠、织布匠和铁匠等。

在古代中国，制陶匠创造了精美的青瓷和白瓷；织布匠生产出了高品质的丝绸；铁匠则以锻造铁制农具和兵器闻名。

手工业的繁荣还促进了技术的传播。例如，通过丝绸之路，中国的养蚕与缫丝技术传入中亚和欧洲，而玻璃制造技术、金属加工技术则从地中海地区传入中国。

丝绸之路

宋代则是手工业发展的黄金时期，纺织、制瓷和造船等技术在当时达到世界领先水平，南宋的景德镇瓷器和丝绸制品远销海外。

与此同时，手工业开始与科学技术结合。例如，中国的造纸术、印刷术、指南针和火药，展现了手工业在技术创新中的重要作用。

清代，江南地区以纺织业为代表的家庭手工业达到鼎盛时期。

中国农户利用农闲时间，在家中纺纱织布，以家庭为单位进行小规模生产，形成了典型的“家织－行销”生产模式。

纺纱与织布

17 世纪至 18 世纪，欧洲的手工作坊制度兴起，集中生产取代了分散的小农经济，使生产效率和产品标准化水平显著提升。

然而，传统手工业的生产效率依赖手工劳动，受工匠技艺和生产时间的限制，产量和质量难以大幅提升。这一矛盾为第一次工业革命的到来埋下了伏笔。

三、第一次工业革命与机械化生产

第一次工业革命始于 18 世纪末的英国，并迅速扩展到欧洲和北美。它标志着生产方式由手工制造向机械化生产的转变。

蒸汽机的发明和广泛应用是第一次工业革命的核心动力。

1757 年，年轻的仪器修理工瓦特接触到了纽科门蒸汽机的模型。纽科门设计的蒸汽机主要用于矿井排水，但效率极低。于是，瓦特对这种蒸汽机进行了一系列的改良，使得蒸汽机的效率成倍增长。

瓦特和他改良的蒸汽机

这种高效的蒸汽机彻底改变了工业生产方式，成为纺织、冶金、采矿等行业的关键动力。

纺织工厂开始使用自动化纺织机和纺纱机，大幅提升了生产速度和产量。

冶金技术也取得了重要突破，焦炭炼铁技术和轧钢机的应用显著提高了钢铁的产量和质量，为机械制造和基础设施建设提供了关键材料。

蒸汽机车和铁路的发明极大地缩短了运输时间，降低了货物运输成本，加速了商品流通。蒸汽船的出现则使远洋航行更加高效，为国际贸易开辟了新局面。

四、第二次工业革命与电气化生产

第二次工业革命，发生在 19 世纪末到 20 世纪初，电力的广泛应用是其核心驱动力。

1879 年，托马斯·爱迪生发明了耐用的白炽灯泡，使电灯从实验室走向实用化。电灯的普及不仅延长了人类的活动时间，还推动了城市化和工业化的发展，标志着现代电气社会的诞生。

特斯拉与爱迪生

爱迪生还推广了他的直流电系统，但其传输距离有限，效率较低。

而尼古拉·特斯拉推广的是交流电技术，其传输效率和灵活性更高。因此，交流电系统迅速取代了直流电系统。

1896 年，尼亚加拉大瀑布发电站利用交流电技术成功将电流输送到数百千米外的纽约市，奠定了现代电网的基础。电网的大规模建设，取代了蒸汽和水力等传统动力方式，为全球的工业化和电气化提供了关键动力。

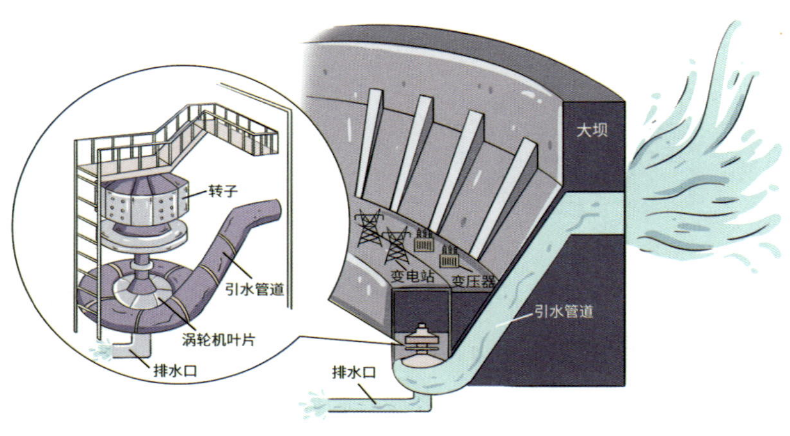

尼亚加拉大瀑布发电站

同时，电动机的广泛使用，让生产设备更加高效、灵活。电动机的体积小、操作简便，推动了生产效率的大幅提升。

第二次工业革命的另一大标志性进步是大规模生产的兴起。

1913 年，亨利 · 福特发明了“流水线作业”的生产方法，使每辆 T 型轿车的生产时间从 12 小时缩短至约 90 分钟，成本大幅降低。

福特和他发明的“流水线作业”

在生产流水线中，生产过程被分解为一系列标准化的步骤，工人们各司其职，效率大大提升。因此，流水线成为现代大规模制造业的标志性技术，改变了整个制造业。

在电气化和大规模生产的推动下，钢铁和化学工业也得到了迅速发展。

1856年，亨利·贝塞麦发明了转炉炼钢法，大幅提高了炼钢速度和质量。这一工艺使得规模化和低成本地生产钢铁成为可能，从而推动了铁路、桥梁、建筑及船舶行业的快速发展。

贝塞麦发明了转炉炼钢法

与此同时，化学工业在新材料和新工艺的开发上取得了突破。比如，塑料、染料、肥料和炸药的发明和大规模生产，为各行各业带来了革命性变化。

五、第三次工业革命与自动化生产

第三次工业革命始于 20 世纪中叶，是制造业从机械化、电气化转向自动化和信息化的重要阶段。这场革命伴随着电子技术、计算机技术、通信技术的飞速发展，使得生产方式发生了根本性的转变。

第三次工业革命最大亮点是制造过程的自动化，即利用机器、电子装置和计算机系统，减少人力参与，从而进一步提高了生产效率和精确度。

1. 工业机器人成为代表性技术

1961 年，首台工业机器人被用于汽车生产线的搬运和焊接工作，其高效率和精确度迅速引起各行业的关注。

工业机器人通过编程控制，能够执行复杂的重复性任务，不仅提高了生产效率，还保证了产品质量的一致性，使得制造业进入了更高效、智能的生产时代。

第三次工业革命的另一大亮点是信息技术的全面应用，计算机、互联网和通信技术的发展使得信息化成为可能。

自 20 世纪 90 年代开始，互联网迅速连接了全球各地，实现了信息的高速共享和即时传播。

生产数据、市场信息、供应链管理等数据，可以通过计算机系统进行实时处理和传输，制造业的管理和决策能力得到了极大的提升。

同时，计算机辅助设计（CAD）使得设计过程从传统的手工绘制转向数字化操作；计算机辅助制造（CAM）则将设计图纸直接转化为制造指令，极大地缩短了从设计到生产的周期。

2. 精益生产和柔性生产

随着自动化和信息化的进步，精益生产和柔性生产成为第三次工业革命的核心理念。

精益生产的核心在于“按需生产”，即通过优化资源配置和消除不必要的环节，提高了生产效率和质量。

柔性生产通过引入自动化设备和信息化系统，人们快速调整生产线并切换不同产品的生产任务，为应对多样化、定制化的市场需求提供了更大的灵活性。

3. 制造业全球化

第三次工业革命加速了全球化进程，以电子技术和信息技术为核心，彻底改变了制造业的运作方式。

信息技术打破了国界限制，使跨国企业通过全球供应链管理软件优化资源配置，实现了原材料、生产进度和物流的实时追踪与精细化管理。

自动化技术的普及和信息化系统的深度融合极大提升了生产效率和企业竞争力，为制造业的全球化运营和转型升级奠定了坚实基础。

六、智能制造时代的到来

1. 什么是“工业 4.0”

第四次工业革命，又称“工业 4.0”，以智能制造为核心，推动了制造业的全面变革。

通过人工智能、物联网、大数据、云计算、5G 通信、机器人技术等技术的融合，工业 4.0 实现了设备、生产线和供应链的互联互通，使制造过程更加智能化、自动化和灵活化。

智能制造不仅仅是传统自动化的延续，而是通过大数据分析和人工智能算法，对生产全过程进行智能调度、优化和调整。

2. 工业物联网技术

在智能制造体系中，通过传感器、智能设备等技术手段，工厂的每一个环节都能够实时互联，形成物联网，实现数据共享与协同作业。制造流程从原料采购、生产制造、物流运输到售后服务等环节都可以被智能化系统精确掌控。

通过数据分析，智能制造可以预测设备的维护需求、优

化生产计划，进行个性化产品设计。人工智能算法能够对数据进行深度分析，从中发现规律，并据此进行自动调整。

3. 5G 与数字孪生技术

5G 通信技术的广泛应用进一步提升了物联网的能力。5G 网络凭借其高速率、低延时和大连接的特点，确保了智能工厂中的各类设备能够以毫秒级的速度进行数据交换和协作，保障生产过程的高效与精准。

此外，数字孪生技术通过虚拟空间构建出与现实生产系统一致的“数字孪生体”，制造企业可以对生产过程进行模拟、优化和预测，从而降低成本，提升产品开发速度。

4. 柔性制造与个性化定制模式

柔性制造的概念在第三次工业革命期间出现，并得到了部分应用，但生产方式还是以大规模的流水线生产和标准化生产为主。

时代在进步，消费者的需求变得更加个性化。因此，柔性制造模式在个性化定制、快速响应市场需求方面展现出巨大的优势。

另外，这种“按需生产”的模式有效地降低了库存成本，同时提升了产品的附加值，也减少了不必要的浪费，使得制造过程更加环保。

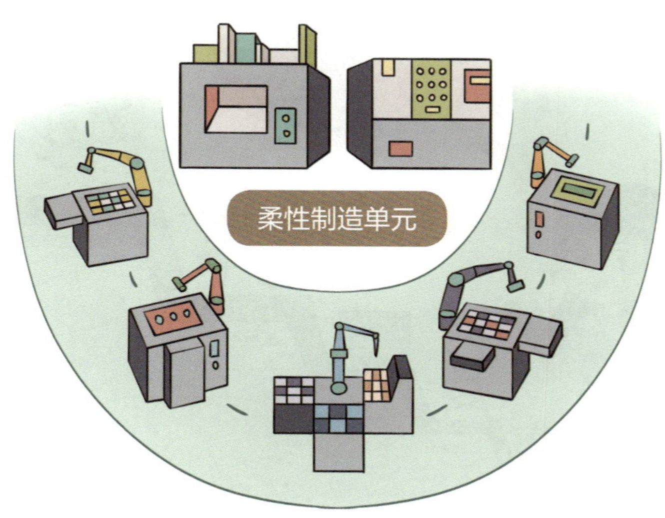

七、生产力的新台阶

智能制造推动了生产流程的智能化、灵活化和协同化，因而是工业 4.0 的关键驱动力，也必将加速新质生产力的形成与发展。

新质生产力是工业 4.0 的进一步升级，它的范围更广、内涵更深，不仅涵盖工业 4.0 的技术体系，还拓展至更广泛的生产力领域，包括生命科学、量子科技、清洁能源等前沿科技驱动的创新形态，代表了生产力从工业智能化迈向全领域创新化的新阶段。

智能制造不仅提升了生产效率和资源利用率，还推动了新兴产业的诞生，如智能机器人、增材制造（3D 打印）等，扩展了生产力的边界。

在新质生产力体系中，智能制造是连接现实世界与数字世界的重要纽带，能够推动资源的高效配置、创新要素的融合以及全产业链的协同发展。

未来，随着技术的不断突破，智能制造将加速产业转型升级，催生更多具有颠覆性的生产方式，成为驱动新质生产力的重要引擎。

2

第二章

机器人的“用武之地”

在智能制造中，工业机器人不仅替代人类做一些繁重、危险的工作，还成为提升生产效率、确保产品质量和推动产业升级的关键力量。因此，工业机器人的应用是新质生产力的重要组成部分。

传统制造业依赖大量的人工操作，机械设备只是辅助工具。

20 世纪中期的英国纺织业，曾经雇用了数百万工人。

20 世纪 70 年代，美国通用汽车公司全球员工超过 60 万人。德国大众等汽车企业的生产线上，工人的数量也超过了 20 万人。

工业机器人的应用始于 20 世纪 60 年代，经历了从简单机械臂到智能协作机器人的“进化”过程，其发展大致可分为机械化、自动化和智能化三个代际。

一、工业机器人的诞生

1961 年，首台工业机器人出现在美国通用汽车公司的生产线上，标志着工业自动化的起点。第一代工业机器人以机械臂为代表，能够执行简单的重复性任务，如搬运和焊接等工作。

20 世纪 80 年代，第二代工业机器人引入了传感器和编程技术。

焊接电路板的第二代工业机器人

这些机器人能够通过视觉、力觉等传感器收集数据，调整动作以应对复杂的工作场景，而无须频繁更换硬件设备。

比如，波音公司采用第二代机器人完成飞机机身的钻孔和铆接工作。通过编程控制和视觉传感系统，机器人能够在复杂的三维曲面上精确定位，完成钻孔和铆接，大幅提高了飞机零部件的装配效率。

进入 21 世纪，第三代工业机器人在人工智能、机器视觉和物联网技术的加持下，实现了从自动化到智能化的飞跃。

这些机器人具备自主学习和决策能力，能够完成更为精密和多样化的任务。

二、第三代工业机器人的广泛应用

第三代工业机器人广泛应用于汽车、电子、物流、医疗等领域，大幅提升了生产效率、资源利用率和市场响应速度，成为智能制造和工业 4.0 时代的重要支柱。

1. 汽车与电子制造领域

例如，在汽车制造领域，智能机器人在汽车制造工厂的柔性生产线上，完成汽车的组装、焊接和喷涂工作。

在电子制造领域，这些机器人可以完成微小元件的精确

安装，同时通过实时数据分析确保产品质量，适应大规模定制化需求。

2. 物流与医疗领域

Kiva 机器人可与仓库管理系统实时通信，优化路径规划和货物存取，大幅提升仓库运转效率和准确性。

在医疗领域，手术机器人可以辅助外科医生完成微创手术，提高了手术的成功率。

3. 食品加工领域

智能工业机器人能够快速识别不同类型的食品，并进行分类、包装和质量检测，提高生产速度和食品安全性。

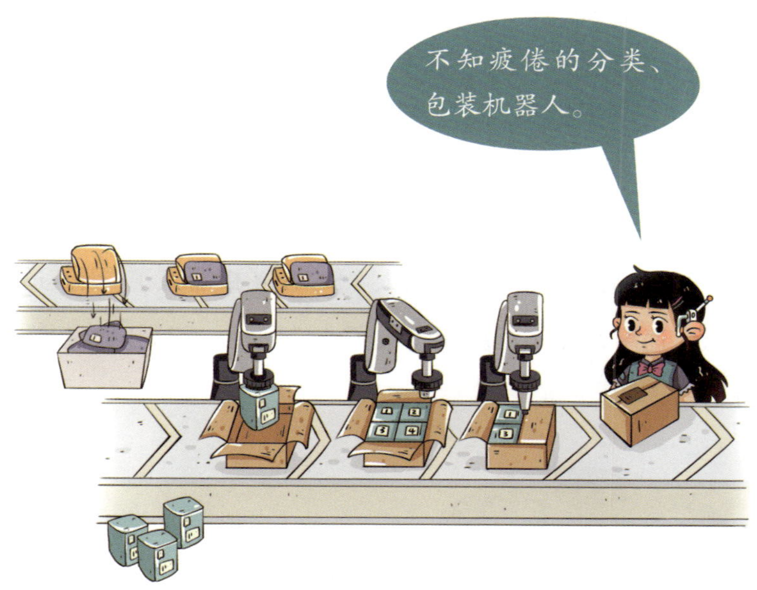

如今，工业机器人已成为现代制造业的主力军，它们像智能工人一样，不仅速度快、精度高，而且能够在复杂的环境下 24 小时不间断工作。

三、工业机器人的分类

工业机器人除了按照“聪明”程度分为三个代际外，还可以有其他几种分类方法。

1. 按结构分类

①关节型机器人，一般具有多个旋转关节（自由度），能够灵活地进行三维空间的操作，广泛应用于焊接、装配、喷涂、搬运等场景。

②选择性顺应装配机器人（SCARA 机器人），因其适应性强、速度快而广泛应用于电子元件装配、印制电路板插针等精密任务。

③直角坐标机器人（笛卡儿机器人），能够在三维空间

内进行直线移动。其结构简单、精度高、操作范围规则，适合用于搬运、码垛、点胶和切割等任务。

④平面并联机器人（Delta 机器人），有三个平行臂，能够在三维空间内灵活运动，适合执行高速、轻载的任务，如食品分拣、包装、电子元件组装和医药处理。

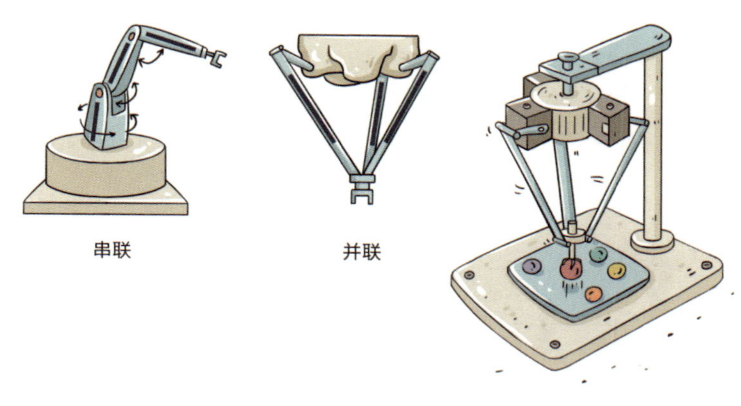

平面并联机器人

⑤多功能机械臂（六轴机器人），可模仿人类手臂的灵活性和运动范围，迅速成为制造业自动化的核心设备之一，适用于焊接、喷涂、搬运、装配和精密加工等多种任务。

2. 按用途分类

①焊接机器人，专为焊接任务设计，常见于汽车制造和金属加工。

②搬运机器人，用于搬运重物或物料转移，如物流、生产线上的上下料、仓储管理等。

③装配机器人，用于零部件的装配作业，特别适合精密制造，如电子制造、汽车零件装配等。

④喷涂机器人，用于涂料喷涂和表面处理，如汽车喷漆、家具涂装等。

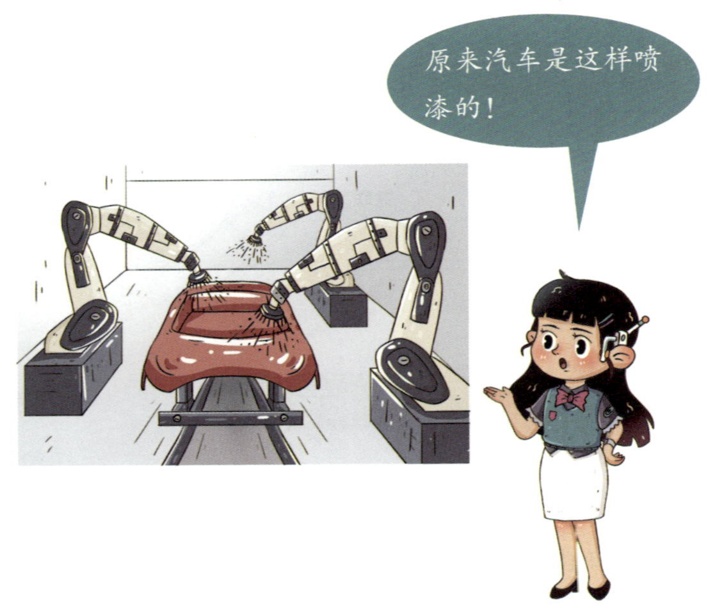

⑤切割机器人，用于切割金属、塑料或其他材料，如激光切割、等离子切割、水切割等。

⑥分拣机器人，用于快速分类和排列产品，如物流、快

递分拣、食品加工等。

⑦协作机器人，可与人类协同工作，如轻量装配、检测、实验室辅助等。

3. 按移动方式分类

移动方式	特点	优点	缺点	应用场景
轮式	快速高效，适合平坦地面	能耗低，运行快	不适合复杂地形	工厂、仓储、物流
履带式	稳定强壮，适合崎岖地形	适应性强，负载能力高	速度较慢，转向灵活性不足	采矿、救援、建筑
足式	仿生设计，灵活性强	适应复杂环境，运动多自由度	结构复杂，成本高	山地、科研、探测
飞行式	高速覆盖，适应性广	不受地形限制，效率高	承载能力有限，续航较短	农业、巡检、物流
水下式	专注水下环境	深海探索，作业持久	适用范围受限，维护复杂	海洋、能源、水下救援
复合型	多方式融合，适用性强	灵活切换模式，应对多场景挑战	结构复杂，成本较高	军事、物流、应急救援

常见的工业机器人都配备了先进的传感器和控制系统，能够根据任务需求灵活调整工作模式，避免了人工操作的误差，保证了生产标准的一致性。

四、新质生产力中的核心工具

在未来的新质生产力中，新型智能机器人将成为智能制造的核心工具，主要包括协作机器人、移动机器人等种类。

1. 协作机器人

协作机器人，代表着人机协作的新方向。

协作机器人能够与人类并肩工作，共同完成复杂的生产任务，使得制造业进入了一个全新的协作时代。

这些机器人设计轻巧，易于部署，不需要大型防护围栏，可以直接在工人周围工作。

例如，在装配线上，协作机器人可以执行精密地拧螺丝、搬运零件等操作，而人类工人则专注于更复杂的决策和监控工作。这种任务分配让人类与机器人各自发挥优势，提高了整体效率，还减少了工人因重复性劳动而产生的疲劳和失误。

通过人工智能和机器学习，协作机器人还可以从人类工人的操作中学习，逐渐优化自己的工作方式。

装配线上的协作机器人

协作机器人配有内置的力控和碰撞检测系统，能够在检测到意外接触时立即停止动作，避免对工人造成伤害。

2. 移动机器人

移动机器人是现代智能物流系统的核心力量。它们能够自主规划路径，避开障碍物，灵活应对动态变化的环境，从而极大地提升了物流和生产过程的效率。

在仓储物流中心，移动机器人可以自动搬运货物、拣选订单，甚至在不同楼层之间穿梭。这种无人化的高效操作，不仅大幅缩短了订单处理时间，还显著降低了人工成本。

仓储移动机器人

它们配备有先进的传感器，可以实时感知周围的环境，动态调整行进路线。在制造业，移动机器人还承担着生产线之间的物料搬运工作，进一步优化了生产流程。

移动机器人还能在医院中配送药品、在机场中引导行李运输，乃至在未来的智能城市中执行更多自动化任务。

3. 医疗机器人

在新质生产力中，机器人也将在服务业和其他产业中发挥越来越重要的作用。

例如，手术机器人具有比人类手更高的稳定性和精度，能够执行极其复杂和细微的操作，大幅降低了传统手术的创伤和风险。

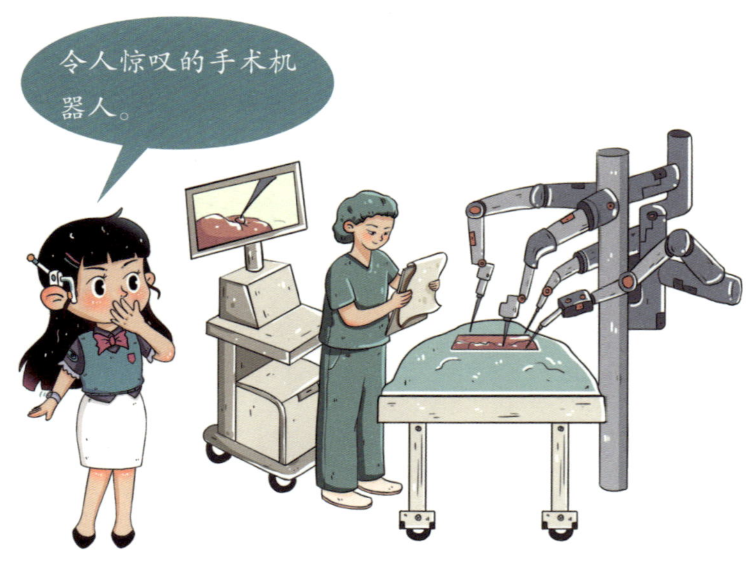

除了手术机器人以外，康复机器人通过为患者提供物理治疗、运动辅助以及智能化的训练计划，帮助患者加快恢复进度。

康复机器人

这些机器人不仅可以为患者量身定制治疗方案，还能实时监控患者的康复状态，优化治疗方案。

例如，步态训练机器人可以帮助下肢瘫痪的患者重新学会行走，通过传感器监测患者的力量和动作，并动态调整治疗计划。

医疗机器人还广泛应用于远程医疗和诊断领域，医生能够远程操控医疗仪器，对偏远地区的患者进行检查和手术。

此外，医疗机器人配合智能算法可以快速分析海量的医学影像数据，帮助医生更准确地进行疾病诊断，尤其在癌症筛查等复杂病症的早期检测中展现了巨大的潜力。

4. 服务机器人

服务机器人是能够直接与人类互动，为人类提供帮助和服务的智能设备。

在零售业，通过安装在商场、超市或购物中心的机器人，顾客可以轻松获取商品、导航等信息。

在酒店和餐饮行业，智能送餐机器人和行李运送机器人，能高效地完成房间送餐、物品递送等任务。顾客还可通过简单的语音指令，享受便捷的无接触服务。

在护理领域，陪伴型机器人通过与老年人或病患的互动，缓解老年人的孤独感，监测他们的健康状态，还可以提醒患者按时服药，甚至进行轻度的身体锻炼指导。

陪伴型机器人

在公共服务领域，服务机器人已逐步应用于机场、银行、政府机构等场所，帮助处理咨询、办理业务和提供导向服务。

随着人机交互能力、理解能力和情感识别能力也将不断增强，服务机器人已成为人类日常生活中的智能助手。

5. 农业机器人

在农业领域，收割机器人通过机械臂和人工智能算法，可以自动识别作物的成熟度，并准确地进行收割，不仅能大幅提高工作效率，还能减少作物损伤。

除草机器人通过智能识别和精确定位技术，能够自动区分杂草与作物，从而进行机械除草或者喷洒精准剂量的农药，避免对土壤和环境造成不必要的污染。

智能挤奶机器人在牧场中已经逐渐普及，通过自动识别奶牛，精准控制挤奶流程，保障奶源的高效收集与卫生管理。

自动喂养机器人也能根据牲畜的营养需求，精准分配饲料，确保畜牧业的生产效率和质量。

自动喂养机器人

无人机还可用于喷洒农药和施肥，实现精准、高效的作业方式。

五、机器人技术的未来

机器人技术正以前所未有的速度发展，改变了各行各业的生产方式，以及人们的生活方式。

未来，机器人技术将与新兴技术进一步融合，迎来更多前所未有的突破。

① 自主决策与学习能力的提升，将使机器人能应对更加复杂的工作环境和任务。

② 机器人将具备更强的认知能力和情感交互能力，成为人类生活和工作的智慧助手。

③协作机器人将更加安全和灵活，与人类共享同一工作空间，实现人机共生的工作环境。

④ 微型机器人与纳米技术结合，可以在人体内执行复杂的医疗任务，如精准地传递药物、修复受损的组织。

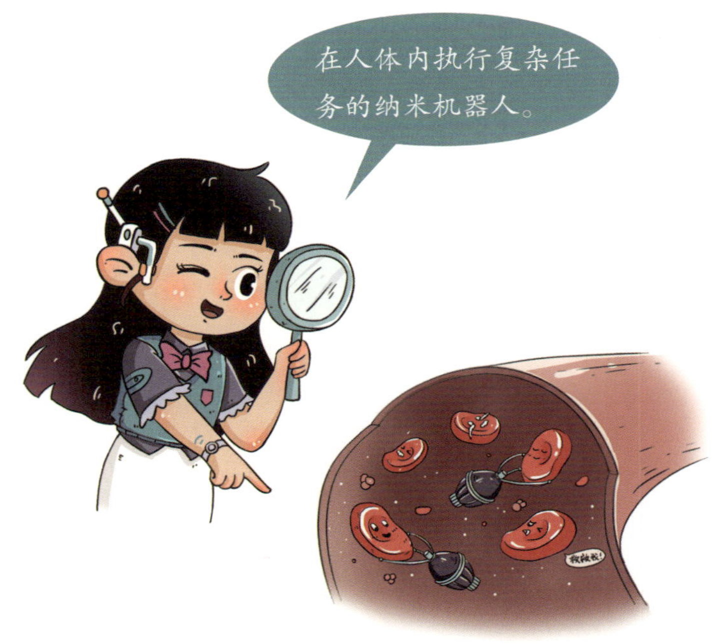

⑤家用机器人将像今天的智能手机一样普遍，帮助人们处理各种家务、教育孩子、照顾老人。

⑥ 结合量子计算等新兴科技，机器人将在太空探索、海洋开发、极地考察中帮助人类突破自然环境的局限。

未来的机器人将成为人类生活和工作的伙伴，在推动新质生产力发展的同时，帮助我们构建一个更加智慧、高效和可持续的世界。

3

第三章

数据驱动的智能工厂

数据在智能工厂中发挥着关键作用，精确的实时数据持续驱动着生产过程的优化，使得制造业不断向智能化方向迈进，不仅生产过程更高效、更灵活，还实现了产品从设计到销售的全生命周期管理。因此，数据驱动是新质生产力的核心特征之一。

一、智能工厂的兴起

智能工厂的兴起是新质生产力的标志之一，它将推动实体制造业向着更高效、更智能、更可持续的未来发展。

智能工厂是传统制造业与前沿信息技术相融合的产物，它将物联网、大数据、人工智能、云计算等先进技术引入生产流程，实现了生产设备、系统、人员的互联互通，从而进一步达到智能化高效控制与运营的效果。

其中，工业物联网（IIoT）被誉为智能工厂的“神经网络”。

二、工业物联网的作用

工业物联网将各种机器设备、传感器、计算机系统相互联系起来，实现生产流程中各个环节的智能化控制与数据传输，从而形成一个高度协作、实时互动的生产生态系统。

通过工业物联网，智能工厂对生产进度、设备状态、物料消耗等关键信息有了更全面、精准的把握。

第一，智能工厂可以通过工业物联网对设备和生产线进行实时监控。如果设备出现故障，系统能够第一时间发出预警。

第二，智能工厂可以使用大数据分析和人工智能技术预测设备可能出现的故障，提前安排维护，从而避免突发性停机和生产中断，不仅降低了设备维修成本，还延长了设备的使用寿命。

第三，智能工厂能够根据实时数据动态调整生产流程，确保每台设备和每个生产环节都在最佳状态下运作。

第四，在智能工厂中，每一个生产步骤的数据都可以被记录下来，从原材料到成品的每个环节都能被精确追溯，从而保证产品质量的稳定性和一致性。

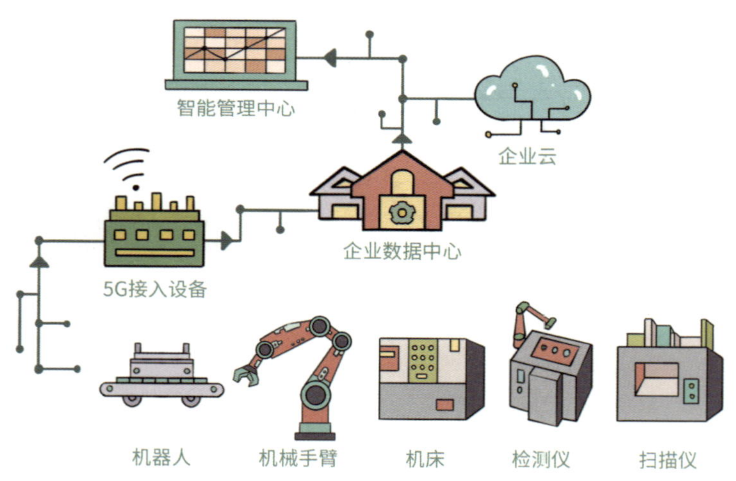

物联网不间断地记录着生产数据

三、大数据的应用

如果说工业物联网是智能工厂中的神经网络，那么流动在这张网络中的信息流，就是“大数据”了。

在智能工厂中，几乎所有设备、传感器、机器人、生产系统都会实时生成数据。这些数据不仅涵盖了生产线每个环节的物料状况，还包括设备运行状态、产品质量信息、能耗情况以及市场反馈等多维度的数据来源。

可以说，这些全方位记录的数据构成了智能工厂的另一项重要的核心资产，即数据资产。

通过物联网技术，数据可以从现场设备直接传输到云端存储，企业管理者、技术人员、工程师都可以在任何地点访问这些数据，并根据实际需要进行分析和决策。

大数据技术与工业分析技术可以自动识别出生产瓶颈、能源浪费或产品质量问题，并采取相应的优化措施。

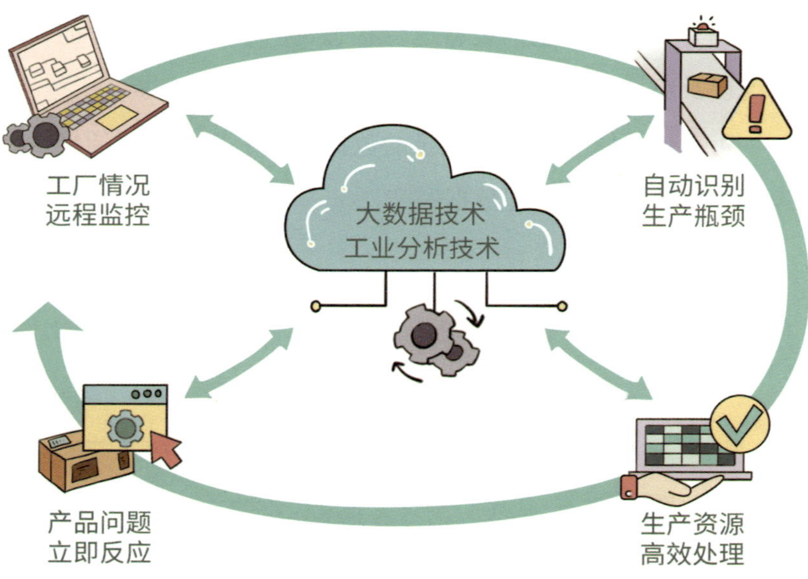

另外，通过从大量历史数据中找到设备故障的规律，工厂可以在设备出现问题之前提前安排预测性维护，使得设备的维护从被动维修转变为主动预防。

在市场需求预测方面，大数据分析能够帮助企业提前洞察消费者的需求变化，确保工厂的生产计划与市场需求高度契合，从而提升产品的市场竞争力。

大数据还广泛应用于优化供应链和物流环节，减少库存积压、降低运输成本，并确保产品能够准时交付到客户手中。

通过大数据，工厂可以实现更严格的质量控制，确保每一批次的产品都符合高标准。

此外，通过分析客户反馈数据，工厂还可以不断优化产品设计和制造流程，进一步提升客户满意度，增强品牌忠诚度。

“神经网络”和“信息流”还不是智能工厂的全部，所谓智能工厂，其核心是具备“思考”能力。

四、人工智能的决策能力

以机器学习为主的人工智能技术正是智能工厂的思考能力，它们与工业物联网和大数据一道，组成了智能工厂高效运转和自主决策的核心“大脑”。

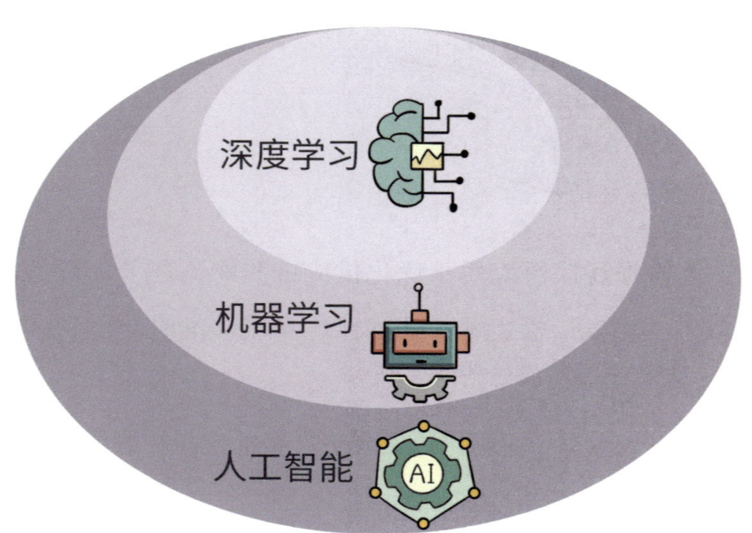

机器学习不仅可以分析海量数据、优化生产流程，还能通过自主学习，预测可能存在的设备故障或未来的市场变化。

无论是生产计划的优化、供应链管理，还是设备故障的检测，人工智能都能让工厂在动态环境中作出智能决策。

人工智能技术还能帮助工厂优化生产流程，减少浪费，提升生产效率。例如，通过深度学习算法，人工智能可以分析设备运行中的每一个细节，找到影响效率的因素，并提出改进建议。

人工智能可以从市场数据、历史订单、消费者偏好等信息中预测未来的市场需求，并据此调整生产计划，避免库存积压或供货不足。

智能工厂通过机器学习系统能够“学习”过去的数据和经验，持续优化生产过程，避免因设备停机带来的生产损失。

设备故障预测流程

此外，机器学习可以分析不同生产批次的数据，找出导致质量波动的原因，并通过调整参数提高生产的一致性和稳定性。

五、数字孪生技术的应用

数字孪生技术是一种将物理世界与虚拟世界无缝衔接的前沿技术。智能工厂应用此项技术，可以在虚拟环境中创建物理对象的数字化复制体，从而实时监控、分析和优化生产过程。

通过传感器、物联网等技术，工厂中的机器设备、生产线甚至整个工厂的运行情况都可以被精准复制到虚拟空间中。基于实时数据的动态模型，虚拟孪生体可以对真实的设备状态、工作流程、环境变化等进行实时反映与调整。

在生产过程中，停机和故障会造成巨大的经济损失，而数字孪生技术可以通过在虚拟环境中进行测试和优化，从而避免这些问题。

在投入真实生产前，工厂可以先在虚拟空间中对新工艺、新设备进行全方位测试，发现潜在问题并优化流程，从而避免实际操作中的停工和故障。

另外，数字孪生技术还提高了工厂的响应速度，使得工厂可以迅速应对突发状况，从而提高了整体生产效率。

数字孪生技术还能帮助工厂实现定制化生产。

通过数字孪生技术，工厂可以在虚拟环境中模拟不同的产品设计和生产流程，并快速进行调整，从而实现小批量、多样化的定制生产。工厂因此可以缩短产品开发周期，减少试错成本，提升市场竞争力。

数字孪生技术实现定制化生产

数字孪生不仅可以用于生产阶段，还可以覆盖产品的全生命周期管理。

从产品的设计、制造、使用到报废，数字孪生体都可以持续监控其性能表现。

例如，新飞机出厂后，数字孪生可以监测飞机的实际使用情况，提供用户及时的维护建议，延长飞机使用寿命。同时，这些监测数据也为工厂的下一代飞机研发提供了宝贵数据。

无论是人工智能的算法还是数字孪生技术的实现，都需要强大的算力支持。

云计算和边缘计算正是满足这些算力需求的关键技术。

六、云计算和边缘计算的协同

云计算允许企业利用远程的服务器来存储和处理数据，而不必依赖本地设备。在智能工厂中，来自传感器、机器设备、生产线的大量数据会被实时传输到云端进行处理和分析。

然而，对于某些需要实时响应的生产任务，依赖远程云端处理可能会带来延迟。因此，边缘计算应运而生。

边缘计算是将数据处理和分析任务下放到靠近数据源的本地设备上进行，从而减少传输延迟并提高实时性。

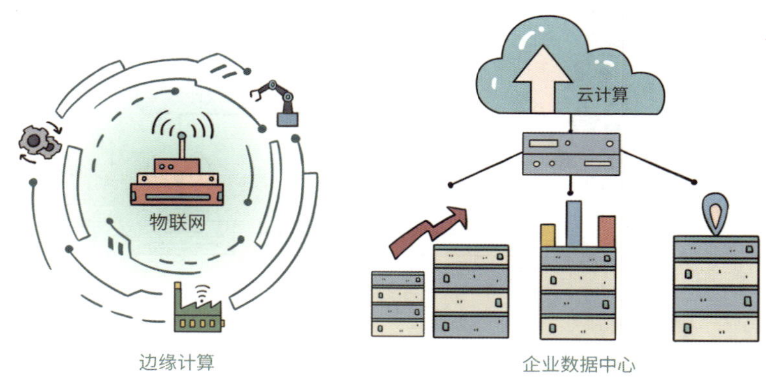

边缘计算与云计算的区别

边缘计算尤其适用于需要毫秒级响应的场景，如机器人控制、自动化检测、实时监控等。

通过在靠近工厂现场的边缘设备，如传感器、网关、工业 PC 等上处理数据，边缘计算能够快速执行指令，确保设备的快速响应和操作安全。

云计算和边缘计算在智能工厂中常常协同工作，发挥各自的优势，被称为“云－边协同”。

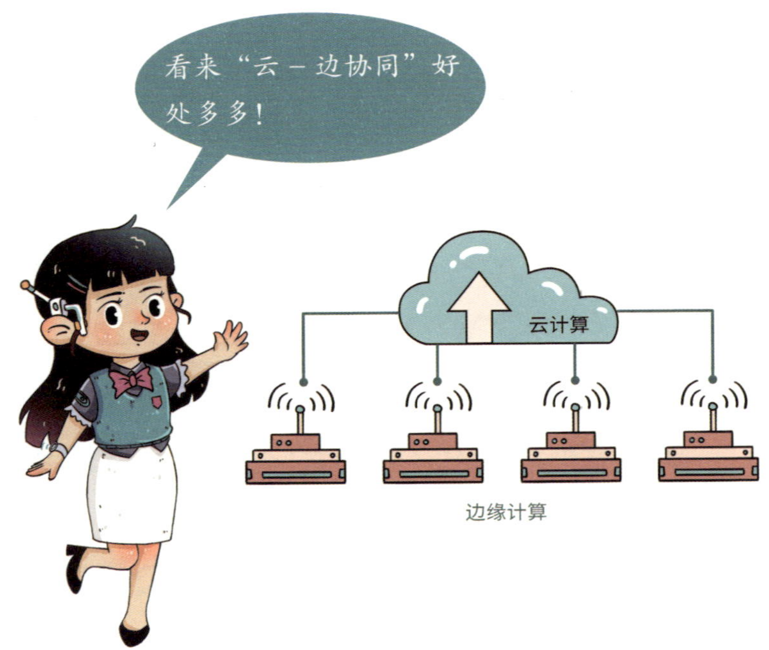

智能工厂中各类设备、传感器和控制系统不断产生数据。“云－边协同”为这些数据的处理提供了强大的支撑。

例如，边缘计算可以在现场处理来自传感器的环境数据，监控生产车间的温湿度，确保设备在最佳条件下运行。而云计算则可以整合各个车间的数据，进行大规模的设备预测性维护分析，帮助企业降低设备停机时间。

七、智能生产线的实施

智能生产线将成为现代工厂中不可或缺的组成部分。

智能生产线是通过人工智能、传感器、机器人等技术，将产品的加工、装配、检测等各个环节有机结合起来的全自动生产系统，它能够根据不同产品的制造需求进行实时调整，实现柔性制造。

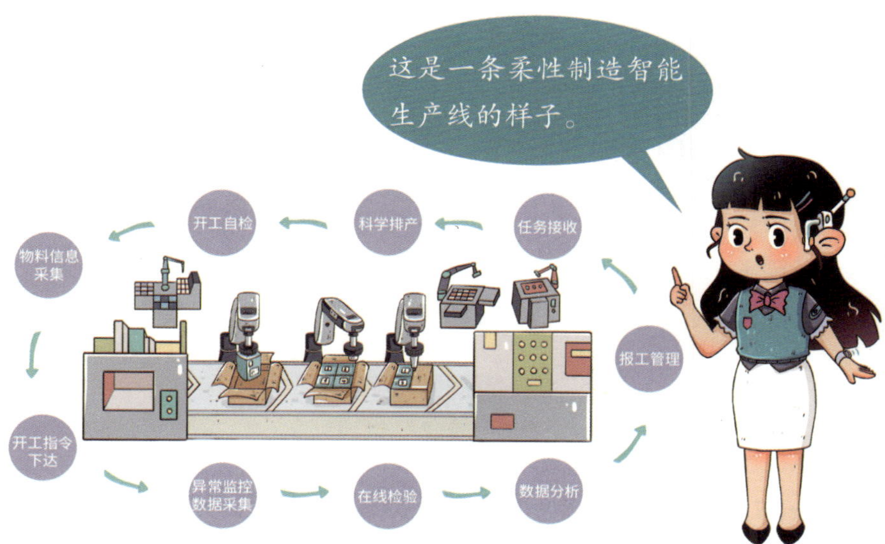

智能生产线可以根据不同订单的要求快速切换产品类型，不再需要长时间停机调整机器。

这种灵活的生产方式极大提升了制造业的适应性，使工厂能够更快速地响应市场变化和客户需求。

自动化系统是智能制造的核心，它通过编程控制、机器学习等技术，将原本依赖人力操作的生产任务交由机器完成，既提高了生产效率，又减少了人为错误的发生。

例如，自动化质检设备则能够通过图像识别和传感技术，在生产线上即时检测产品质量，确保产品符合标准。

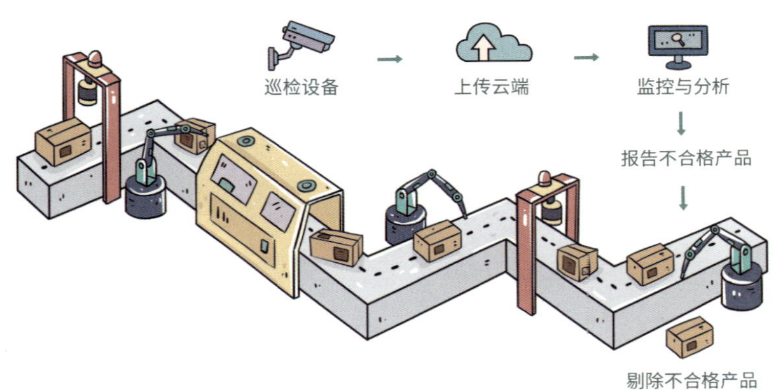

自动化质检系统

自动化系统的优势在于它的高效、稳定和持续性。它可以长时间不间断地工作，极大减少了生产中的停工时间。同时，自动化系统能够精确执行预设的任务，确保每一件产品的生产标准一致性。

智能生产线与自动化系统的融合，使得现代工厂变得更加智能化和高效。通过自动化设备的实时控制和智能生产线的数据反馈，整个生产过程可以实现高度协同和自我优化。

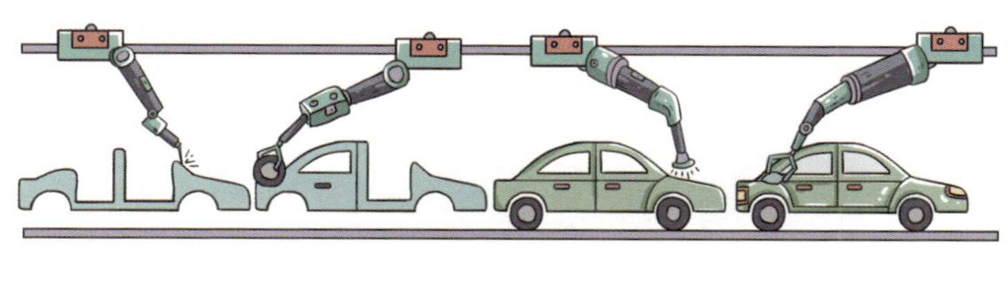

此外，智能生产线还能够根据市场需求的变化，自动调整生产节奏和产品类型，提升企业的灵活性。

智能生产线已经广泛应用于各个制造行业，如汽车制造、电子装配、食品加工等。

八、数据安全与隐私保护

智能工厂通过物联网设备、人工智能、云计算等技术，实现了高度的自动化生产，同时，也带来了网络安全与隐私保护问题。这种高度互联的生产模式使工厂面临多种安全威胁，如网络攻击、恶意软件入侵、数据泄露等。

一是，黑客可能通过网络入侵工厂的控制系统，导致生产设备停机、流程中断，甚至更严重的生产事故发生。

二是，智能工厂中使用的工业控制系统可能成为恶意软件的攻击目标，进而导致设备故障或数据篡改。

三是，智能工厂收集和处理的大量生产数据、工艺流程数据以及客户订单信息等，如果被窃取或泄露，可能导致无法预料的损失。

另外，工厂中的操作人员在使用联网的设备进行身份验证和操作指令的传输时，可能会发生个人隐私泄露，甚至引发身份盗窃等问题。

为了应对智能工厂中的安全与隐私威胁，企业必须采取多方面的措施来保护其生产环境和数据安全。

第一，应当部署强大的防火墙、入侵检测系统、入侵防御系统等安全工具。

第二，确保数据在传输和存储过程中使用先进的加密

技术。

第三，限制未经授权的人员访问关键系统和数据，确保只有授权人员能够进行操作。

第四，智能工厂需要定期进行网络安全审计，查找潜在的安全漏洞，并迅速修复。

第五，建立完善的数据备份和灾难恢复机制，以防止由网络攻击或系统故障导致的数据丢失或生产中断。

第六，企业在收集、存储和处理数据时应当遵循严格的隐私合规政策，确保数据的使用符合法律规定，并尊重用户隐私。

总之，通过多层次的安全防护和隐私保护机制，未来的智能工厂将更加依赖数据驱动，需要构建一个高度互联、以人工智能驱动、满足个性化需求并注重绿色可持续发展的先进制造生态系统，使之成为促进新质生产力发展的核心力量。

追新逐质的智能工厂

4

第四章

3D 打印是什么

3D 打印突破了传统制造模式的诸多局限，使得定制化和小批量的市场需求高效实现，从而推动了生产力的创新和升级。它能够根据个性化需求精确制造复杂零件，并大大缩短产品的生产周期。因此，3D 打印是新质生产力时代的革命性技术之一。

一、3D 打印的发明与原理

传统的加工工艺需要复杂的模具和多道工序才能完成加工过程，还会造成材料的大量浪费，特别是在复杂零部件的生产中，材料利用率较低，因此被称为“减材制造”。

1984 年，一位叫查尔斯 · 赫尔的美国工程师发明了 3D 打印的核心技术——立体光刻（SLA）。当时，他在一家制作塑料产品的公司工作，并发现传统模具制造效率低、成本高的问题。受此启发，他开发了一种利用紫外光固化光敏树脂的技术，能够通过逐层叠加的方式快速制造复杂的三维结构。

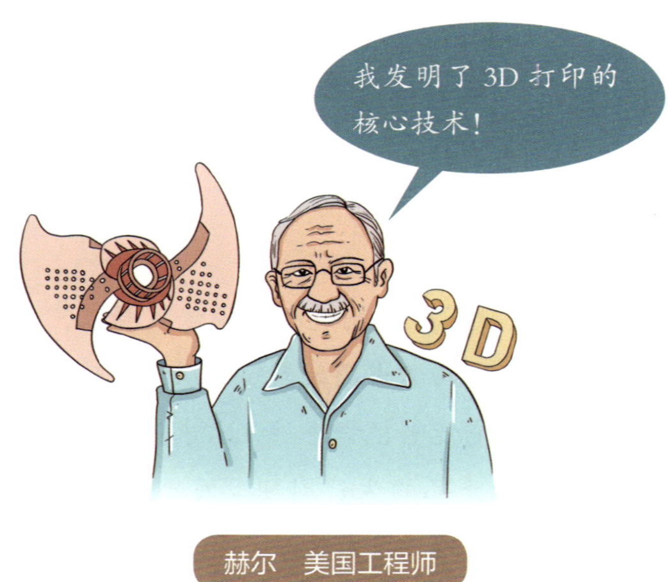

赫尔　美国工程师

1986 年，赫尔获得了 SLA 技术的专利，并创立了应用相关技术的公司，这标志着 3D 打印技术商业化的开始。

3D 打印，也称为增材制造，是与减材制造截然相反的一种加工方式。

增材制造是通过逐层添加材料，将电脑中的数字模型逐渐“堆叠”出实体物品。就像打印机一样，打印出来现实物品，而且是完全的立体效果，因此，被形象地称为“3D 打印”。

3D 打印是一种依赖于数字模型的增材制造技术，与去

除多余材料的减材制造工艺不同，3D 打印是从无到有“生长”出产品的。它的工作过程可以分为以下三个主要步骤。

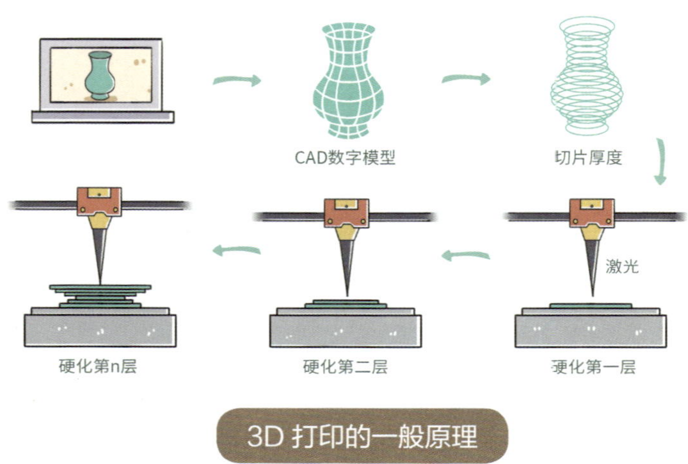

3D 打印的一般原理

一是设计阶段，即构建数字模型。一般使用计算机辅助设计软件来构建，数字模型可以是设计师绘制的，也可以是通过扫描实物获得的三维数据。

二是切片处理，即将模型分层。将数字模型分解成一系列的平面，就是“切片”过程。

专门的软件会将模型分割成薄薄的层，并为每一层生成打印路径和指令。切片越薄，打印出来的物体细节就越精致。

三是打印过程，即逐层制造。3D 打印机根据切片文件的指令开始逐层打印。

二、3D 打印方式与后处理

常见的 3D 打印方式主要有三种。

1. 熔融沉积建模（FDM）打印技术

这种技术是将塑料丝加热至熔化状态后，通过喷嘴逐层挤出材料，从而堆叠出三维物体的打印方式。

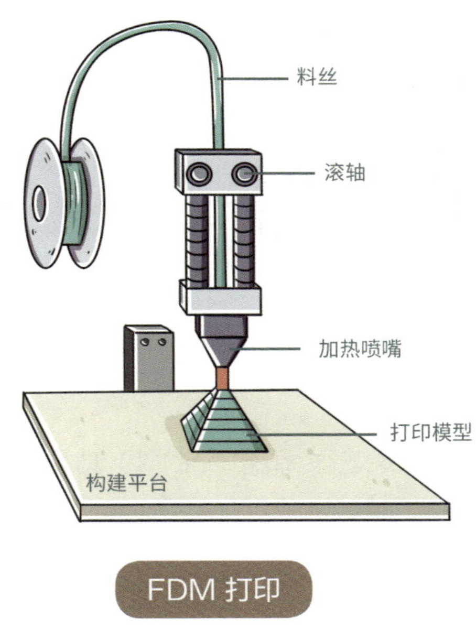

FDM 打印

FDM 打印机使用的主要材料是热塑性塑料。

其中，聚乳酸（PLA）是一种环保的生物降解材料，适合打印低温环境下的模型和家居用品。

丙烯腈－丁二烯－苯乙烯共聚物（ABS）则具有较强的耐热性和耐冲击性，常用于打印汽车零件和电子产品外壳。

聚对苯二甲酸乙二醇酯（PETG）具备高强度和耐用性，适合用于容器、机械部件等需要高性能的产品。

热塑性聚氨酯（TPU）则是一种柔性材料，广泛应用于打印可弯曲和拉伸的物品，如鞋垫和手机壳。

尼龙则以其高强度和耐磨性用于制作耐用的工业部件和

工具。

FDM 打印技术不仅适用于快速原型制作和小批量生产，还广泛应用于教育教学、个性化定制、机械零件制造等多个领域。

2. SLA 打印技术

这种技术是一种利用激光固化液态树脂后，逐层堆叠出三维物体的打印技术。

在 SLA 打印过程中，激光束扫描液态树脂表面，按照预定的设计图案逐层固化树脂，每固化一层后，打印平台会稍微下降，然后继续进行下一层的固化，直到整个模型完成。

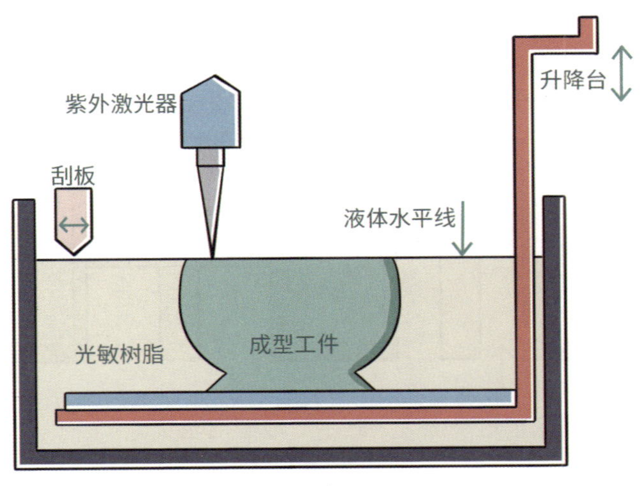

SLA 打印原理

由于激光的精度高，SLA能够实现更精细的打印效果，因此特别适合需要高精度和高表面质量的行业，如珠宝、牙科、医疗器械以及复杂的工业零件等。

常见的SLA打印树脂有多种类型，包括标准树脂、透明树脂、弹性树脂以及耐高温树脂等，用户可以根据不同的需求选择合适的材料进行打印。

3. 选择性激光烧结（SLS）打印技术

这种技术是一种利用激光束烧结粉末材料，逐层堆叠并形成坚固结构的增材制造技术。

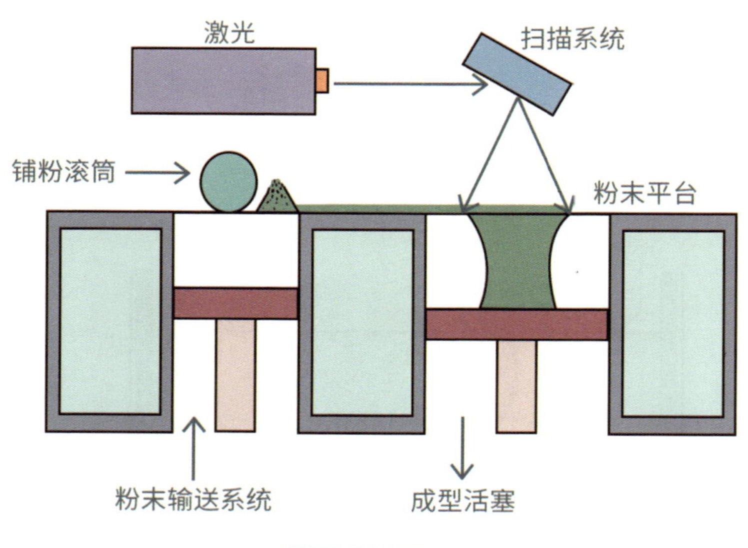

SLS打印原理

在 SLS 打印过程中，首先将一层粉末材料均匀地铺设在打印平台上，随后激光根据预定的三维模型扫描粉末表面，局部加热并烧结粉末，使其在激光照射区域固化成一个坚硬的层面。每完成一层的烧结，打印平台会略微下降，再铺设新一层粉末，激光继续照射并烧结，直到整个物体完成。

SLS 打印技术能够使用多种粉末材料，包括尼龙、金属、陶瓷等，具有较高的强度和耐用性。由于其在精度、强度以及功能性方面的优势，SLS 打印技术被广泛应用于航空航天、汽车工业、医疗器械以及工具制造等高端制造领域。

4. 后处理工艺

打印完成后，得到的打印件还只是成品的“毛坯”，因此需要进行后处理：对于 FDM 打印件，需要去除支撑结构和打磨表面；对于 SLA 打印件，需要进一步固化和清洗；而金属 3D 打印则需要进行热处理或表面处理，以改善材料的力学性能、释放残余应力并提升表面质量。经过后处理后，物体才能达到预期的质量和外观。

去支架和打磨

正是这一逐层打印的原理，使得 3D 打印能够实现复杂几何形状的制造，甚至是传统工艺难以实现的内部结构。

三、3D 打印的广泛应用

3D 打印技术自诞生以来，迅速扩展到了各个行业。

1. 在航空航天领域

重量是影响飞行器性能和燃料消耗的关键因素。3D 打印技术能够制造出轻量化且具有复杂几何形状的部件。

例如，航空公司已经开始利用 3D 打印技术生产飞机的发动机零部件、燃料喷嘴等，这些部件通过优化设计，减少了材料的浪费，提高了能源利用率。

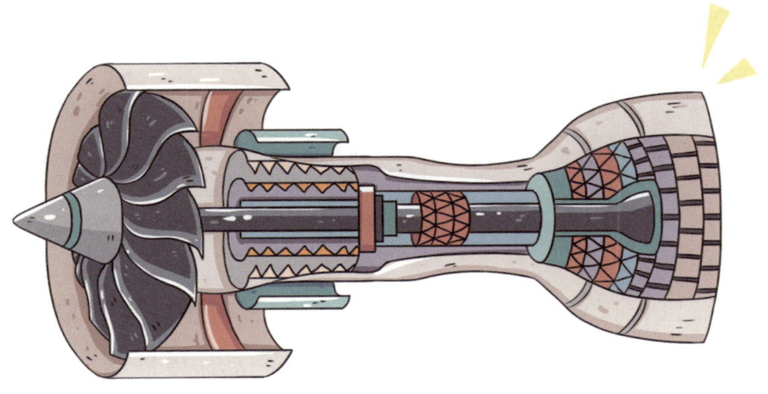

3D 打印飞机发动机零部件

2. 在医疗领域

3D 打印技术能够实现个性化医疗和生物打印。医生可以为患者量身定制假肢、植入物以及手术导板，大幅提高了治疗效果和患者的舒适度。

另外，科学家们开始探索使用生物材料打印组织和器官，未来有望解决器官移植的供体短缺问题。

在汽车工业领域，3D 打印可以快速制作零部件原型，以及用于功能部件的生产，极大缩短了产品研发周期。

不仅如此，3D 打印还能用于定制化零件的生产，如赛车或高端汽车的专属组件。

3. 在建筑领域

通过 3D 打印，建筑可以实现前所未有的复杂外形和结构，从而打造具有艺术性和功能性的建筑作品。

同时，建筑 3D 打印技术还能减少施工时间、降低人力成本，并有效节约材料，尤其适用于灾区的应急房屋建设和环境友好型建筑。

4. 在教育和科研领域

学生可以利用 3D 打印技术将创意设计变为现实，促进动手能力和工程思维的发展。科研机构则借助 3D 打印技术制作实验设备、化学反应器等，进行前沿科技研究。

5. 在时尚与艺术领域

设计师可以利用 3D 打印技术制作独特的服装、饰品和艺术品，实现传统工艺难以实现的复杂设计和材质组合。

3D 打印的艺术品

同时，消费者也能通过定制服务获取专属设计的时尚单品，个性化消费成为新的潮流。

6. 在食品加工领域

食品 3D 打印是一个新兴的应用领域，这项技术不仅可以让食物的外观更加多样化，还能通过精准控制营养成分，实现健康和个性化的饮食方案。

四、3D 打印的优缺点

1. 3D 打印的优点非常突出

第一，它在产品研发阶段能够快速制造原型，缩短设计周期并加快市场投放速度，降低研发成本。

第二，3D 打印突破了传统制造工艺的限制，提供了更高的设计自由度，可以轻松实现复杂结构和独特形状的设计。

第三，3D 打印大幅减少了材料浪费，尤其在高科技领域具有重要优势。

第四，3D 打印显著降低了生产成本，尤其适用于小批量生产和高度复杂的产品，使得定制化和小规模生产变得更加经济。

第五，3D 打印还支持按需定制产品，特别是在医疗领域，可以为患者定制符合其解剖结构的植入物、假肢等。

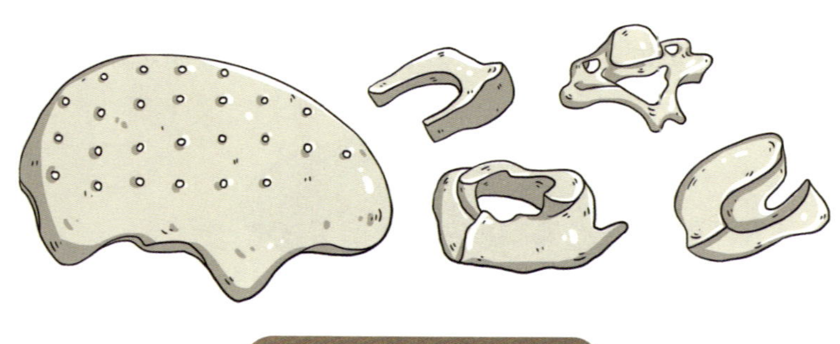

3D 打印的骨骼植入物

2. 3D 打印的缺点

尽管 3D 打印技术在许多领域展现出巨大的优势，但也存在一些不足之处。

第一，材料的多样性仍然有限，虽然目前已有金属、塑料和树脂等材料可供选择，但在某些性能方面无法与传统材料相比。

第二，3D 打印在大规模生产中的速度和成本效益较低，特别是面对复杂结构时，打印过程较为缓慢。

第三，打印成品通常需要后处理，如打磨、热处理等，以提高表面光洁度和物理性能，这增加了时间和经济成本。

第四，工业级的 3D 打印设备成本高昂且维护和操作费用不小，这使得许多小型企业难以承担。

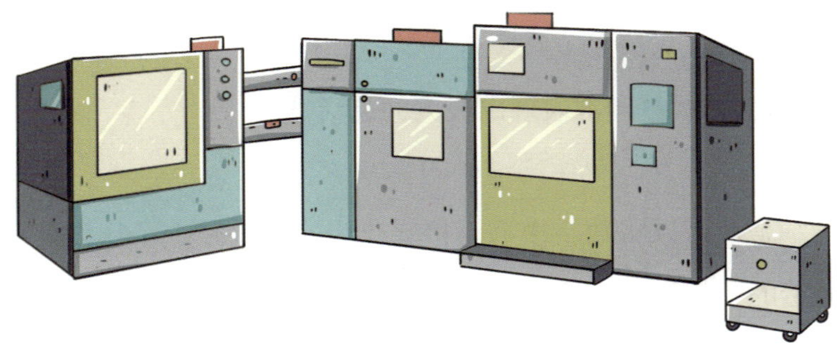

昂贵的工业级 3D 打印设备

第五，技术的成熟度还有差异，在某些领域（如塑料打印）已相对成熟，而在另一些领域（如生物打印或食品打印）还处于实验阶段。

第六，由于 3D 打印是逐层制造，可能出现分层或气孔等质量问题。

五、3D 打印的价值

尽管存在的问题不少，3D 打印作为一项颠覆性的技术，已逐渐从原型制作走向实际生产。

1. 它是柔性生产的重要推手

传统制造业依赖固定的模具和生产线，产品迭代和变更往往需要耗费大量的时间和资源。而 3D 打印技术则突破了这些限制，无论是复杂零件的制造，还是少量高端产品的快速交付，3D 打印都表现出极大的灵活性。

2. 它是数字化生产链中的关键环节

企业可以将数字模型直接转化为实物，减少了从设计到制造的中间环节，缩短了产品上市的时间。

智能工厂可以利用工业物联网技术，将 3D 打印机与生产管理系统相连，实现自动化的生产排程和远程监控，提升生产效率。

3. 它支持个性化制造与大规模定制

无论是医疗器械中的个性化植入物，还是时尚行业中的定制化设计，3D 打印能够按需生产独一无二的个性化产品。

4. 它创造出混合制造的新模式

在智能制造中，3D 打印可以与计算机数控加工、注塑成型等工艺结合，创造出混合制造的模式。

例如，对于复杂结构的零件，3D 打印可以先完成整体框架，然后再通过传统工艺进行精密加工或表面处理。

5. 它推动循环经济与可持续制造

3D 打印不仅能够最大限度地减少材料浪费，还允许企业使用环保材料和再生材料进行生产。此外，3D 打印可以通过“按需生产”减少库存积压与过度生产。

6. 它将加速创新与技术突破

在智能制造时代，3D 打印为工程师和设计师创造了更大的设计自由度，使他们能够进行大胆的创新尝试。

通过快速原型制作和低成本试验，3D 打印可以加速新产品的研发，缩短创新周期。此外，3D 打印还可以与其他前沿技术（如人工智能、机器人技术）相结合，推动制造工艺的不断升级。

7. 它正在深刻改变全球供应链

通过实现按需生产和本地化制造，实现了更高的效率和灵活性。3D 打印通过即时生产大大减少了库存需求和生产浪费。它通过简化生产流程，缩短了从工厂到消费者的交付时间。

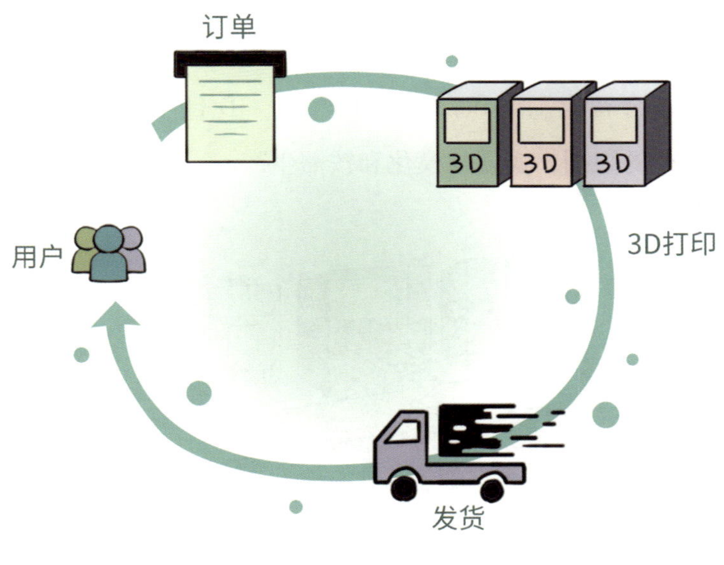

3D 打印技术改变了供应链

六、3D 打印的未来

未来，3D 打印将朝着更加多元化、智能化、规模化和绿色化的方向发展。

多材料打印将实现材料功能的集成，拓展在电子设备、医疗植入物和柔性显示屏等领域的应用，提升打印精度和速度以满足复杂零件需求。

新型材料的研发成功将进一步推动 3D 打印的广泛应用，比如，生物打印、纳米材料和环保材料将广泛应用于医疗、航天和国防领域。

结合智能工厂和自动化生产线，3D 打印有望突破小批量生产的限制，实现规模化和按需生产。

未来的 3D 打印自动化生产线

3D 打印的普及也将促进环保材料和低能耗设备的使用，助力可持续发展。

通过与工业物联网、人工智能和云计算等技术的深度融合，3D 打印优化了生产流程，提高效率，降低成本，并加速制造业的智能化升级。

因此，3D 打印技术不仅是制造业的一项工具，更是新质生产力的重要组成部分。

展望未来，作为先进制造体系的关键引擎，3D 打印技术必将成为引领新质生产力的核心动力之一。

5

第五章

忙碌有序的无人车间

无人车间通过自动化、智能化的系统来优化生产过程，极大地提升了生产效率和安全性。借助机器人、物联网、人工智能等技术，无人车间不仅能降低劳动成本，还能实时调节生产流程，快速响应市场变化。因此，无人车间是新质生产力重要的实践应用。

在现代制造业中，技术的飞速发展正不断推动生产方式的变革。

一、什么是无人车间

无人车间，作为智能制造的重要组成部分，正在逐渐崛起。

无人车间是指在生产过程中广泛应用自动化设备、机器人和信息技术，能够实现无人操作或少人操作的智能化生产车间。

在这样的车间中，生产设备和流程完全实现了自动化，不需要人工干预，即使不开灯也能正常运作。因此，无人车间通常被称为“黑灯车间”。

无人车间不仅仅是技术的叠加，还是制造理念的深刻变革。它通过减少人力干预，减少了生产过程中的人为错误，提高了产品的一致性与质量。

无人车间的实现依赖于多种核心技术的深度融合。

自动化设备是无人车间的基础，涵盖了各类工业机器人、自动化输送系统及智能工装等。

工业机器人能够执行重复性高、精度要求严的任务，如焊接、装配和搬运等；而协作机器人则可以与工人协作配合，提高生产的灵活性。

在无人车间中，物联网技术设备监测生产状态，实时反馈设备运行情况，从而实现动态调度和故障预警。

人工智能算法能够分析历史数据，预测设备故障，优化生产计划，提升决策效率。同时，机器学习技术可以通过不断学习生产过程中的数据，优化生产流程和产品质量，确保无人车间的高效运营。

云计算平台提供了高效的数据存储与分析能力，使得生产过程中的数据能够被集中管理和分析。

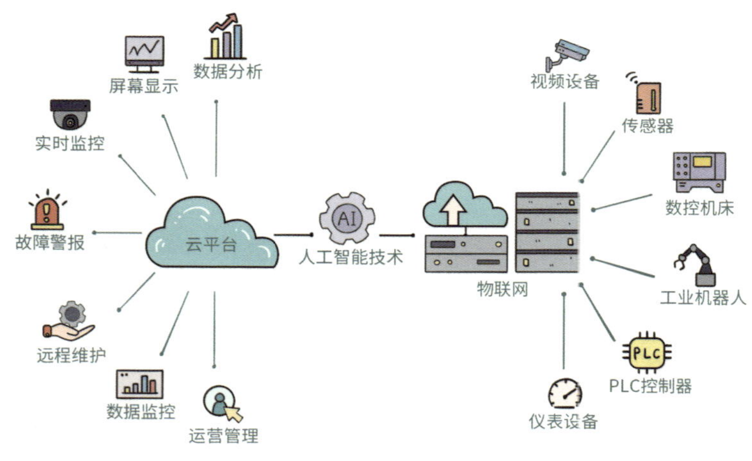

无人车间的数据管理

为了保障生产过程的安全，无人车间需采用先进的安全防护技术，包括智能监控系统、入侵检测和网络安全防护等，以便抵御潜在的安全威胁。

二、无人车间的设计与布局

无人车间的设计与布局至关重要，直接影响到生产效率、操作安全和资源利用率。

在设计无人车间时，首先要考虑的是生产流程的优化。通过合理规划各个工序的顺序与位置，可以实现物料和信息的高效流动。

1. 生产线的布局

采用“U 型”布局或“流动线”布局，使得物料的运输距离最短，从而减少搬运时间和人工干预，提高整体生产效率。

流动线布局是将工作站或设备按工艺顺序排列，形成连续的物流路径。这种布局注重物流的顺畅性，减少产品在不同工序之间的搬运和等待时间，适用于多种生产模式。

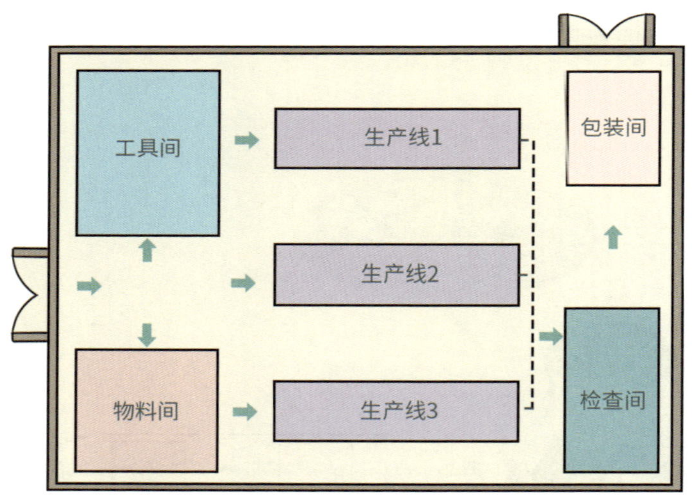

无人车间的“流动线”布局

无人车间需要具备灵活性，以应对多样化的生产需求。流动线布局设计时应考虑可移动的设备和模块化的生产单元，使得工厂能够迅速适应生产线的变化。

例如，使用可重配置的工作站和自动化运输系统，使生产布局能够根据产品类型和订单量的变化进行调整。

2. 工作站

工作站是一种灵活、高效的生产单元。

通过模块化设计、智能控制系统和标准化接口，工作站可以适应不同的产品类型、工艺流程和产量要求，从而减少重新配置时间和成本。

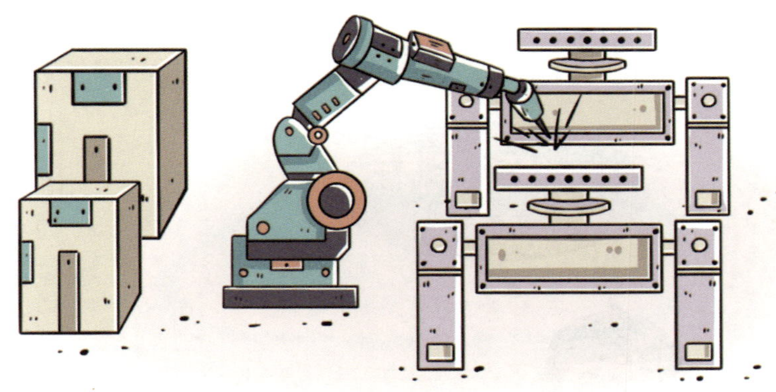

机器人焊接工作站

无人车间的设计应采用合适的隔离措施，确保机器之间的安全距离。同时，合理的通道设计与标识系统，有助于员工在必要时对设备进行安全操作或维护。

3. 生产调度系统

无人车间在设计时需确保不同类型的设备能够无缝连接，并通过统一的控制系统进行管理。

智能化的生产调度系统，可以实时监控设备状态与生产进度。通过物联网，实时采集与分析数据，确保信息能够及时传递给相关部门和系统。

信息可视化工具便于工人、管理者进行决策与调整。

同时，云计算与边缘计算的结合，使得数据能够快速交换与处理。

因此，无人车间的设计与布局须综合考虑生产流程、灵活性、安全性、设备集成与信息流管理等多方面因素。

三、无人车间的运营管理

通过科学的运营管理，无人车间能够在智能制造的背景下，最大限度地提升生产效率和降低运营成本。

1. 订单与生产计划管理

根据市场需求和订单情况，智能调度系统可以自动生成最优的生产计划。

调度系统应具备自学习能力，能够根据历史数据和实时反馈不断优化生产流程，以应对突发的需求变化。

2. 设备管理

同时，需要建立设备管理系统，对设备进行全面监控，包括实时状态监测、故障预警和维护记录。

无人车间应当采用预测性维护策略，通过数据分析和机器学习技术，提前识别潜在故障，减少设备停机时间和维修成本。

3. 人员培训

无人车间虽然强调自动化，但对于设备操作员和维护人员，必须进行系统的培训，因为无人车间的操作流程和设备性能都是相当复杂的。

无人车间的运营管理主要依赖于数据分析。数据可视化工具，能将复杂的数据转化为直观的信息。管理者据此作出

科学合理的决策，以判断潜在的瓶颈和改进机会。

4. 质量管理

无人车间应建立全面的质量管理体系，从原材料采购到产品出厂的每一个环节都应当严格把控。

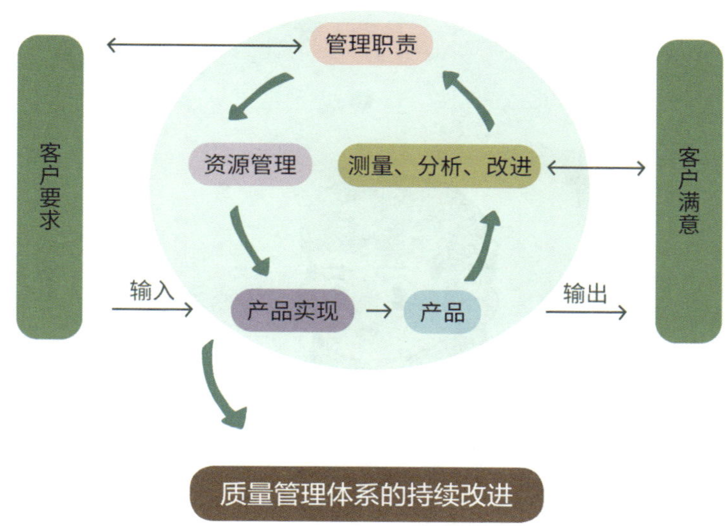

自动化检测设备和数据分析工具，可以实时监测产品质量，及时发现并纠正问题。同时，管理者应当定期进行质量评估与分析，不断优化生产过程，提高产品质量。

5. 安全管理

虽然无人车间的一线操作人员减少了，但依然需要制定严格的安全标准和风险管理措施，以确保设备的高效运转和保障员工的身心健康。

无人车间的安全管理包括设备操作规范、紧急情况应对措施、个人防护装备的使用等。

所有员工都必须进行系统的安全培训，从而提升整体安全意识和反应能力。

智能监控系统应配备高灵敏度的传感器，能够实时捕捉温度、湿度、压力等参数变化，并通过数据分析生成预警信号。一旦发现异常，系统能够自动报警并启动应急措施，防止事故的发生。

定期进行风险评估是无人车间安全管理的重要组成部分。

无人车间应通过数据系统分析潜在的安全隐患，针对识别出的风险，制定相应的管理措施和应对策略，以降低事故发生的可能性。

无人车间应具备完整的紧急响应机制和应急预案，包括事故处理程序、人员疏散方案、应急设备的使用等内容，并定期进行演练，以提高全员的应急处理能力。

无人车间应急演练

尽管无人车间强调自动化，但仍可能涉及人机协作。

对此，需要制定明确的安全规则，确保人机之间的安全距离和交互方式。

通过设立安全隔离区、使用传感器进行监测，以及设计友好的操作界面，降低人机交互中的风险。

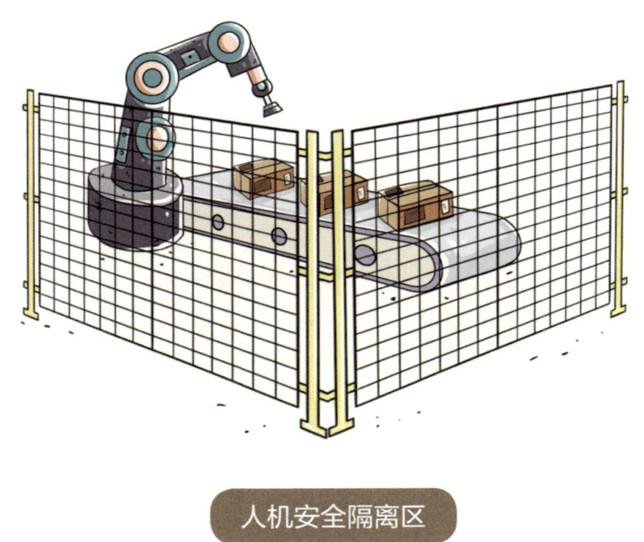

人机安全隔离区

无人车间的安全不仅包括物理安全，还涉及数据安全与隐私保护。

应建立网络安全防护措施，包括防火墙、加密技术和访问控制，防止数据泄露和黑客攻击。此外，定期进行网络安全审计，以确保系统的安全性。

四、无人车间的应用案例

无人车间在不同行业的工厂中已经得到了广泛应用。

1. 汽车制造

在汽车制造行业，奥迪公司率先在其生产线上引入了无人车间的概念，实现了从零部件生产到整车组装的全流程无人化。

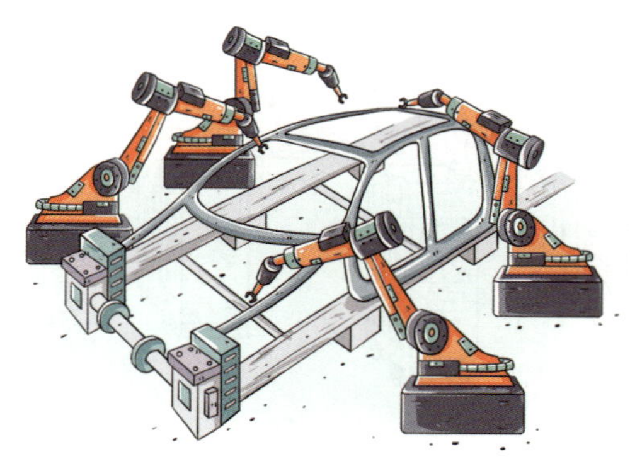

奥迪公司的无人车间

无人车间里，机器人承担起了重物搬运、焊接、喷漆等所有高强度高风险的工作。

同时，遍布生产线上的传感器和摄像头能够实时捕捉生产过程中的异常情况，及时发现缺陷并自动修正。

奥迪公司的无人车间的生产效率比传统车间提高了30%，生产成本降低了20%。

2. 电子产品制造

在电子产品制造行业，富士康公司率先在其生产线上实现了全面的无人化管理，利用物联网技术，将所有生产设备和工位进行了联网。

富士康公司的无人车间

在此基础上，自动化检测设备实现了在生产过程中快速、精准地对产品进行质量检测。这一技术应用大大减少了人工检验的时间和成本，并提高了检验精度。

无人车间的应用，使富士康公司的产品缺陷率降低了

40%。同时，产品质量的稳定性和可靠性也得到了保障。

3. 食品加工

在食品加工行业，蒙牛公司率先在其食品加工厂引入了无人车间系统。

蒙牛公司的无人车间

通过部署智能机器人，蒙牛公司实现了从生产线到包装区域的全自动化搬运，大幅提升了工作效率。

同时，视觉识别系统通过高精度摄像头和算法，对每一批次的产品进行实时扫描和比对，确保所有产品符合质量标准。

无人车间的实施使得蒙牛公司的食品加工能力提升了50%。同时，人力成本得以大幅降低。

4. 医疗器械制造

在医疗器械制造行业，西门子医疗公司积极探索智能化生产，率先在其生产线中采用了无人车间的模式。

西门子医疗公司的无人车间

通过引入先进的激光切割技术和 3D 打印技术，西门子医疗公司实现了以极高的速度生产复杂的零件，同时满足了严格的精度要求，大幅缩短了生产周期。

在无人车间的运行中，所有设备都配备了高敏感度的智能传感器。传感器不仅能够捕捉到微小的异常情况，避免次品的产生，还具备自我诊断功能，减少停机时间，提高设备利用率。

5. 物流行业

在物流行业，京东物流率先推出了无人仓储系统。他们部署了自动化搬运车（AGV）和无人机，实现了货物从入库到存储、分拣、取出以及配送的全流程自动化。

京东物流的无人车间

AGV 能够在仓库中自主导航，准确高效地将货物搬运到指定位置，而无人机则承担着高效的高空取货和配送任务，使整个仓储流程更加流畅。

数据显示，无人仓储系统的订单处理速度提升了 50%，这使京东物流能够更快速地响应客户需求，进一步增强了其在电商物流领域的竞争力。

以上这些实际案例，都展示了无人车间在各行各业中的广泛应用和巨大潜力。

五、无人车间面临的挑战

不过，无人车间在实际应用中也面临诸多挑战。

一是在技术挑战方面。无人车间依赖于先进的技术，如机器人、人工智能、工业物联网等。

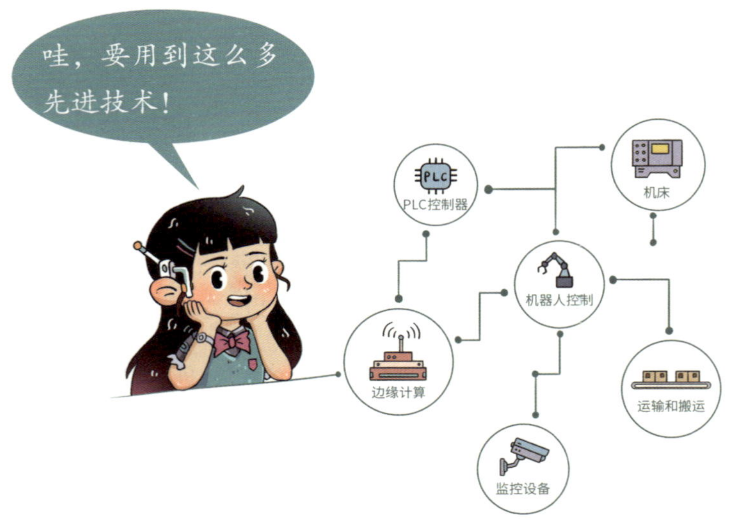

然而，这些技术的整合与升级并非易事。企业需要确保不同设备和系统的互操作性，同时处理复杂的数据流和实时

监控要求。

二是在成本问题方面。自动化设备的购置、系统集成的费用以及维护成本都可能给企业带来经济压力。此外，企业还需考虑对现有员工的再培训和转型，这也是一项不小的开支。

三是在人力资源的适应方面。一方面，某些低技能岗位可能会被淘汰；另一方面，对高技能人才的需求会增加。企业需制订有效的培训计划，帮助员工适应新的工作环境，平衡技术与人力资源的关系。

四是在安全与隐私方面。无人车间的运行涉及大量数据的采集和分析，企业必须建立严格的数据保护措施，以防止信息泄露和网络攻击。

此外，机器人和自动化设备的安全性也需重视，确保在运行过程中不会对员工或设备造成伤害。

随着人工智能和机器学习的进步，机器人将能执行更复杂的任务并适应多变的生产环境。最终，人机协作将成为趋势，从而提升整体生产力，推动制造业的深刻变革。

六、无人车间的未来

无人车间的潜力巨大，它不仅是制造业数字化转型的关键一环，更是未来智能制造的重要基础。

通过自动化设备与智能系统的协同，无人车间实现了资源的最优配置和生产流程的动态调整，为制造业带来了更高的生产力和更低的资源消耗。

无人车间的应用和发展不仅顺应了现代市场对灵活性和效率的需求，还为各行业的创新与可持续发展提供了技术支撑，成为新质生产力发展的重要驱动力。

第六章

双赢的绿色生产

随着全球对可持续发展的重视，绿色制造逐渐成为推动产业转型的关键力量。绿色生产技术不仅能优化资源利用，减少污染排放，还能进一步提升生产效率，实现经济效益与环境效益的双赢。因此，绿色生产是新质生产力的重要组成部分，推动着智能制造走向可持续发展之路。

自第一次工业革命开始，短短 200 多年时间里，人类已经渐次展开了波澜壮阔的 4 次工业革命。

然而，全球化与工业化迅猛发展的同时，传统制造业也在消耗着惊人的自然资源和化石能源。

矿产、石油等不可再生资源的过度开采，使得原材料供应面临瓶颈。

同时，温室气体的持续增加导致全球气温上升、极端天气频发，对自然生态系统和人类社会构成严重威胁。

这些问题迫使制造业重新审视发展模式，以应对时代的挑战。

一、绿色生产的兴起

在此背景下，绿色生产应运而生，成为实现可持续发展和环境保护的重要解决方案。

绿色生产是指在产品设计、制造和生命周期管理过程中，最大限度地减少对环境的影响，提升资源使用效率，以实现经济、社会与环境的和谐发展。

在过去的发展中，经济增长往往以环境损害为代价，而绿色生产强调经济与环境的双赢。

通过绿色生产，企业不仅可以降低生产成本，提升市场竞争力，还能提升品牌形象，赢得消费者的信任。

国际市场对绿色产品的需求不断增长，环保法规的日益严格也推动着企业向绿色方向发展。因此，绿色生产不仅是应对环境挑战的必然选择，更是企业在未来市场中生存和发展的关键所在。

绿色生产的核心理念是可持续发展，它强调在优化生产流程的同时，提高资源利用效率，减少生产和消费过程中的环境影响。

绿色工厂

企业通过研发绿色技术、采用清洁工艺和推动智能化管理，可以降低资源消耗，减少废物产生，并有效降低能耗和污染排放。

具体的绿色生产措施有很多，比如，推动节能减排、优化原材料使用、加大环保设备的投入和采用循环经济模式等。

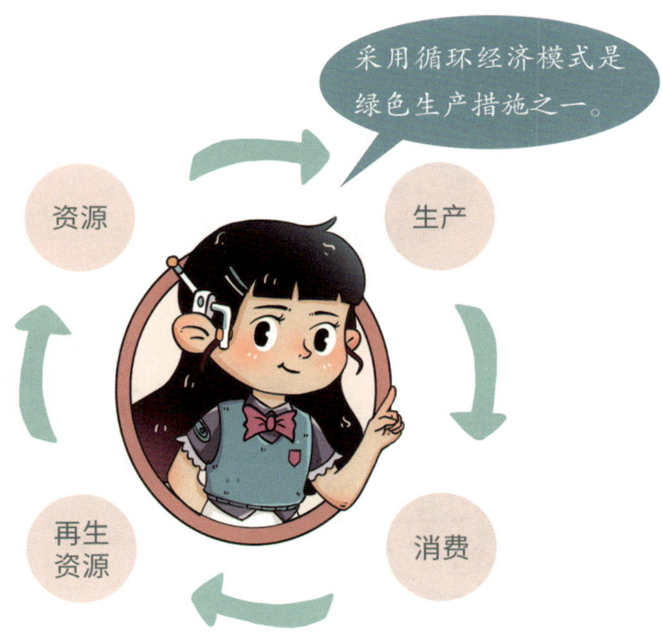

此外，绿色生产还强调从全产品生命周期的角度进行环境评估，即关注产品从设计、生产、使用到废弃环节的环境

影响，从源头上减少对生态系统造成的负担。

二、绿色生产的技术创新

技术创新是绿色生产的重要推动力。

1. 清洁生产技术

清洁生产技术通过技术改进和流程优化，从源头上预防环境污染，减少或消除生产过程中有害物质的产生。

它包括选用低污染、可再生的原材料，优化生产工艺以减少能源消耗和废弃物排放，以及对生产过程中产生的副产

品进行回收和再利用。

例如：在制造业中，采用先进的设备和工艺，可以减少能耗和原材料的浪费；在化工行业，使用清洁催化剂能够减少有害副产物的生成等。

2. 资源回收与循环利用技术

这一技术通过对废弃物进行分类、处理和回收，最大限度地减少资源浪费，减少对新资源的依赖，降低生产成本，并改善生态环境。

资源回收与循环利用

不同类型的废弃物可以通过相应的工艺再加工成新产

品。例如：金属废料可以回收并重新制造成工业部件；塑料废弃物可以制成新型塑料制品等。

许多企业已采用闭环生产系统，实现资源的循环流动。

例如，食品加工企业将生物废弃物转化为肥料或能源。

3. 先进制造技术

先进制造技术代表了制造业的未来发展方向。

其中，如 3D 打印备受关注，它不仅减少了传统制造中常见的库存积压和生产过剩问题，还缩短了生产周期，提高了响应市场变化的能力。

通过数字化设计和精确制造，3D 打印适用于复杂形状

和个性化需求的产品制造。同时，增材制造过程的废料相对较少且大多数材料可以回收再利用，符合绿色生产的理念。

物联网技术通过对生产数据的收集和分析，智能制造系统能够自动调整生产参数，优化工艺流程，减少材料浪费和能源消耗。

同时，传感器可以实时检测设备的运行状况，当出现异常时，系统会及时发出预警，减少因设备故障导致的停机时间。

物联网与智能制造的结合为企业提供了高效、灵活和环保的生产方式，是实现绿色制造的重要技术支撑。

4. 清洁能源

可再生能源（如太阳能、风能和生物质能）的使用，能够减少企业对传统化石燃料的依赖，从而降低温室气体排放。

例如，很多企业通过安装太阳能光伏系统为生产设备提供电力，实现部分或全部能源的绿色化。风能也成为许多沿海地区制造企业的首选能源。

另外，电池储能、压缩空气储能等储能技术逐渐成熟，企业能够在能源供应过剩时储存电力，并在高峰时段释放，实现了低碳生产。

5. 生命周期评估

这是一种系统化的方法，用于全面分析产品在整个生命周期中的环境影响，覆盖从原材料的提取、产品的制造、运输和使用，到最终废弃和处理的各个环节。

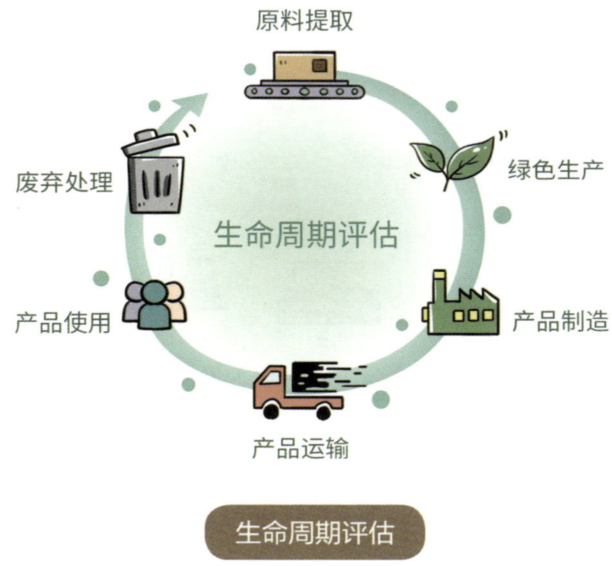

生命周期评估

这一方法能够帮助企业识别生产和使用过程中对环境影响较大的环节，即“环境热点”。

例如，在电子产品制造中，通过对产品进行生命周期评估发现生产过程中的高能耗环节。据此，企业可以选择更环保的原材料、改进能效设计或优化供应链管理，以降低产品对环境造成的负担。

6. 碳捕集与储存技术

这是一种用于减少工业过程中二氧化碳排放的重要技

术，通过捕获、运输和储存二氧化碳，帮助企业减少碳足迹，实现可持续发展。

碳捕集与储存技术

碳捕集与储存主要包括三个关键步骤：第一，捕集二氧化碳，通常从燃烧化石燃料的电厂、化工厂或其他工业设施的尾气中分离二氧化碳；第二，通过管道或其他运输方式将捕集的二氧化碳转移至储存地点；第三，将二氧化碳注入地质构造中长期储存，或者转化为可利用的化学品或材料。

例如，在能源行业，碳捕集与储存技术被用于燃煤电厂的尾气处理，通过先进的捕集设备，可以从烟气中提取高浓度二氧化碳并进行地质封存。

此外，一些企业将捕集的二氧化碳用于生产建筑材料（如碳酸盐基混凝土）或生物燃料，实现资源的再利用。

三、绿色生产的推动

企业实现绿色生产不仅依赖于先进的技术手段，更需要通过一系列有效措施来推进，包括明确的绿色目标制定、跨部门协作、管理体系建立、员工意识提升、技术创新以及社会责任履行。

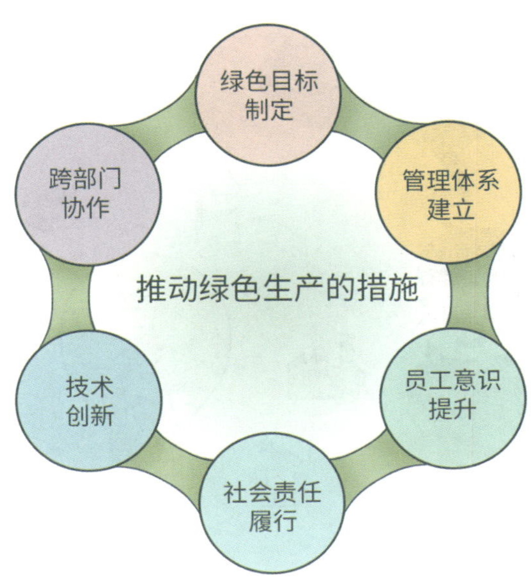

企业应制定清晰的绿色生产目标，并设定具体的可量化绩效指标，以便监控和评估进展。

另外，绿色生产需要多个部门的密切协作，在研发和生产部门推动环保高效的工艺开发的同时，采购部门应优化原材料的使用。

绿色生产不仅对环境和社会产生积极影响，同时也能为企业带来经济效益。

例如，采用节能设备和高效的生产工艺可以减少能源费用，而优化原材料的使用则能降低采购成本。此外，减少废物处理和排放费用进一步减少了整体运营成本。

绿色产品在市场上越来越受到消费者青睐，具有环保性能的产品通常能吸引更多的客户。

绿色生产还促进了技术创新和市场拓展。通过绿色生产，企业能推动技术创新，开发新产品或服务，开辟新的商业机会。

另外，绿色生产为员工提供了更健康的工作环境，提升员工满意度和生产力，进而增强团队凝聚力。

四、绿色生产的应用

近年来，绿色生产已经在各个行业中得到广泛应用。

1. 在电子行业，有华为公司的绿色生产理念

在网络设备的设计上，华为公司推出了低能耗的产品，如节能的通信基站和智能设备，这些设备在保证高效能的同时，有效降低了能源消耗。

华为公司推出了低能耗的产品

此外，华为公司还在数据中心中广泛应用绿色技术，包括采用高效制冷技术、优化能源管理系统以及减少冷却能耗。华为公司的许多生产基地和办公室已经开始使用可再生能源。

2. 在汽车制造行业，有丰田公司的“精益生产”模式

“精益生产”模式的核心理念是通过减少浪费、优化生产流程和提升效率，最大化资源利用率。

例如，丰田公司在生产过程中实行废物回收和再利用，确保每一环节都尽量减少资源的浪费。此外，丰田公司还采用可再生材料，并引入节能技术来降低能源消耗，从而大幅减少了生产过程中的碳足迹。

丰田公司推出的混合动力汽车，具有双重动力系统，大大降低了燃油消耗和二氧化碳排放。

丰田公司的混合动力汽车

3. 在快消品行业，有联合利华公司的可持续发展计划

联合利华公司在供应链管理中加强了可持续采购，确保原材料的来源符合环境和社会责任标准，减少不必要的资源

浪费。同时，公司也大力减少水和能源消耗，通过提升生产效率和引入节能技术来降低碳排放和能源费用。

到 2025 年，联合利华公司计划实现所有产品包装均可回收或再利用。实现这一目标不仅有助于减少塑料废弃物的产生，还能促进循环经济的发展。

单一材质包装，易回收，可循环

4. 在家电行业，有海尔公司的绿色环保理念

海尔公司的冰箱、空调、洗衣机等家电产品都广泛应用了高效节能技术，减少了能源消耗，并通过创新设计提高了产品的能效比，帮助消费者减少电费支出。

在生产环节，海尔公司通过优化制造流程、改进设备效率、引入智能化管理手段，最大限度地减少了资源的浪费。

海尔公司还注重绿色供应链管理，确保从原材料采购到产品交付的整个流程都符合环保要求。

智能省电，绿色环保

5. 在食品行业，有蒙牛公司的可持续乳制品

蒙牛公司在生产过程中采取节能技术和设备，不仅有效降低了能源成本，还减少了碳排放。此外，蒙牛公司还通过

改进生产工艺，优化水资源管理，减少水的使用和废水的排放等措施，确保生产过程更加环保。

在包装方面，蒙牛公司引入了可回收材料，逐步替代传统的塑料包装，减少了塑料废弃物的产生。

蒙牛公司还推动绿色农业，与农民合作，推广可持续种植和养殖方法，减少化肥和农药的使用。

五、绿色生产的挑战与未来

1. 面临的困难

绿色生产在实施过程中，面临许多困难与挑战。

首先，较高的初始投入是许多企业面临的一大难题。

其次，技术和知识的缺乏是一个重要挑战。

为此，企业可以寻求绿色融资支持或补贴，或者分阶段引入绿色技术。企业应加大对员工的培训和教育，同时，也可以引入外部专家进行技术支持，加速转型进程。

另外，供应链的复杂性也是一个障碍。企业应推动整个供应链的绿色转型，确保每个供应链环节合规、可控。

2. 未来的趋势

绿色生产正在成为制造业发展的关键趋势。

循环经济理念的普及使得资源再利用和材料循环成为主流，推动“零废弃”目标的实现。

同时，清洁能源的广泛应用不仅降低了碳排放，也为提

升能源效率创造了新机遇。

产品开发的生态设计将全面考虑产品生命周期的环境影响。

政府政策与行业标准的推动也将促进绿色生产的加速转型，为可持续发展提供有力支持。

企业通过采用智能化生产系统、清洁能源和循环经济理念，不仅提高了生产效率，减少了环境影响，还推动了行业技术革新，展现了以知识、技术和绿色理念为核心的新质生产力特点。

绿色生产将为企业、环境和社会的协同发展提供了强大动力，推动新质生产力向更环保、更智能的方向迈进。

7

第七章

如何满足个性化需求

随着时代的发展，消费者对个性化和定制化产品的需求持续增长。因此，满足个性化需求是新质生产力中的一个关键目标。智能制造技术，特别是柔性生产和数字化设计，正在加速实现小批量、高定制的生产模式转型，使得这一目标的实现成为可能。

一、个性化需求的崛起

如今，消费者不再满足于统一、标准化的产品，他们渴望能够体现个人风格的商品和服务，彰显其独特的偏好与生活方式，而不仅仅是功能上的合用。

人们追求的不仅是实用性，还希望通过消费表达个人的价值观和个性特征。从定制化的家居设计到个性化的服装款式，以及贴合个人口味的食品与服务，市场正在以多样化和灵活性满足消费者的需求。

个性化消费的崛起，不仅推动了产品和服务的创新，也为企业创造了新的市场机会和竞争优势。

个性化需求指的是消费者希望根据自身的喜好和生活方式来定制产品和服务的需求。这种需求涉及多种层面，包括设计、功能、材料甚至包装，使得每个产品都能够反映出个体的独特性。

随着科技的发展，个性化需求的满足变得更加可行。大数据、人工智能和自动化制造等新技术的应用，使企业能够快速响应市场变化，提供更为个性化的解决方案，推动“按

需生产”与“定制化服务”的发展。

随着个性化需求的不断增长，未来的制造业将更加注重以消费者为中心的创新。企业需要不断探索新的技术和方法，以适应这一变化，提供更具个性化的产品和服务。

这种个性化追求不仅体现在商品选择上，还反映在消费者对购物体验的期望上。无论是在线上还是实体店购物，消费者都渴望获得量身定制的购物体验，比如个性化的推荐、定制广告和实时反馈等，这种服务的提升能够提高消费者的满意度和品牌忠诚度。

与此同时，数据驱动的消费者洞察也在改变市场营销的方式。

例如，通过分析消费者的购买历史和浏览数据，品牌可以及时调整产品设计，满足不断变化的个性化需求。

社交媒体也成为个性化传播的重要平台，消费者通过分享自己的个性化体验，影响他人的购买决策，品牌也因此能够与消费者建立更紧密的互动关系。

消费者分享自己的个性化体验

总体来说，消费者对个性化需求的强烈渴望正在重塑市场格局，这也为企业带来新的机遇与挑战。

个性化生产是将传统的大规模、标准化生产，转变为以消费者为中心的小批量、定制化生产。

二、个性化生产的理念

个性化生产有以下几个关键理念：

一是以消费者为中心的理念。

通过精准的市场调研和数据分析，企业能够为每个消费者提供量身定制的产品和服务，使消费者感受到被重视和尊重。

二是灵活的生产流程理念。

为了实现个性化生产，企业需要构建灵活的生产流程，要快速响应消费者的订单变化。

三是高度的定制化理念。

消费者希望能够根据自己的需求选择材料、颜色、设计以及功能等。因此，企业需建立多样化的产品选项，以便消费者在购买时进行选择和配置。

四是用数据驱动决策理念。

通过收集和分析消费者的行为数据、购买历史和反馈意见，企业能够更准确地预测市场趋势和个体需求，以便更好地适应变化的市场环境。

根据消费者的数据预测需求

五是整合创新与协作理念。

从设计、生产到销售，企业需要建立一套完善的协作机制，确保各个环节能够紧密配合。此外，鼓励员工提出创新意见，通过持续的研发和技术创新，不断提高个性化生产的能力和效率。

六是可持续性与社会责任理念。

个性化生产应尽量减少资源浪费，采用环保材料，推动绿色生产理念。这不仅能提升品牌形象，也能吸引越来越多注重可持续消费的消费者。

三、推动先进制造技术

先进制造技术的广泛应用推动了制造业向灵活、高效和数据驱动的方向转型，满足了消费者日益多样化和个性化的需求。

1. 3D 打印技术

这一技术能够快速且精准地生产复杂的形状和高度定制化的产品，已在多个行业中得到了广泛应用，尤其在医疗领域。

例如，定制化的义肢能够根据患者的肢体形态和功能需求，量身打造最合适的义肢，提升舒适度和使用体验。3D 打印还可以精准复制人体器官的形状和结构，实现更高的适配性。

2. 工业物联网

它的实时监控和数据分析使得企业能够快速获取生产状态、设备健康、能源消耗等关键信息，从而进行精确的生产调整，提升运营效率。

同时，工业物联网还支持个性化订单的快速响应，企业能够根据客户需求灵活调整生产线，实现小批量、多样化的生产模式，满足市场对定制化产品的需求。

通过数据驱动的决策支持，工业物联网不仅提高了生产效率和产品质量，还促进了资源的优化配置、降低了能耗、避免了浪费。

3. 人工智能和机器学习

通过对历史数据的深度学习和模式识别，企业能够发现潜在的需求趋势，形成精准的销售预测，从而优化生产计划，减少库存积压和生产过剩。

例如，人工智能可以分析消费者的购买行为、社交媒体互动、季节性变化等因素，预测某一商品在未来一段时间内的需求量。

同时，机器学习还能够不断学习和优化预测模型，进一步提升预测的准确性，赢得消费者的青睐。

4. 自动化与柔性制造技术

它们是现代制造业中提升生产效率和灵活性的关键技术。

自动化技术通过机器、机器人和智能控制系统的协作，使生产线能够在无须人工干预的情况下完成高速、大规模的生产任务。柔性制造系统则在传统自动化基础上，增强了对不同生产需求的适应能力。

通过集成先进的控制软件和模块化设备，自动化与柔性制造系统能够根据订单的变化，快速调整生产工艺和生产线配置。

5. 数字孪生技术

通过创建与实际物理系统相对应的虚拟模型，数字孪生技术实现对产品设计、生产过程以及设备运行状态的实时监控和优化。

在制造领域，数字孪生可以帮助企业在产品设计阶段通过虚拟仿真和测试，提前优化产品结构和工艺，减少试错和重新设计的成本。

同时，数字孪生技术还能实时监控生产过程中的各项数据，通过分析和反馈优化生产线的运行，提高生产的精准性和灵活性。

数字孪生技术预判设备故障风险

6. 区块链技术

这一技术将每个产品的生产、运输、加工等信息记录在不可篡改的区块链上，实现了数据的完全透明和实时共享，所有参与方都能在同一平台上查看到完整的产品信息。

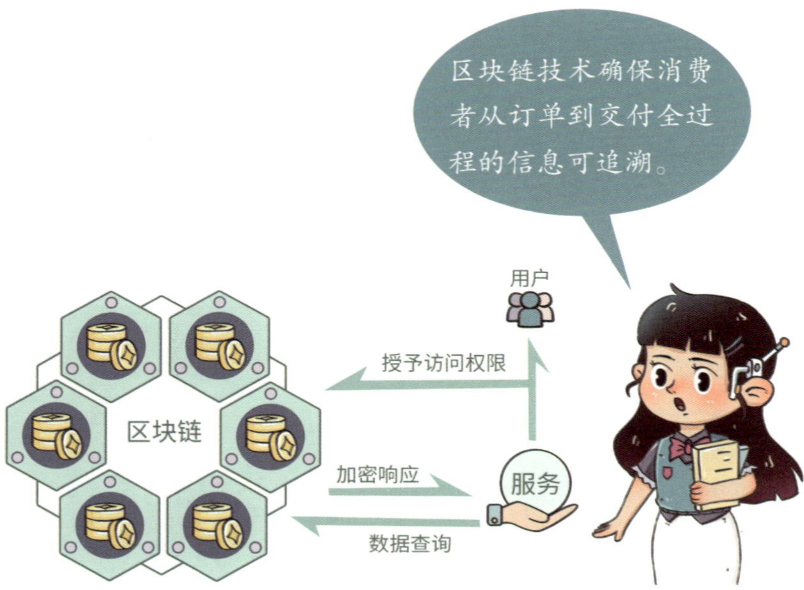

区块链能够确保消费者从订单开始到交付全过程的信息可追溯，这不仅增强了消费者对品牌的信任，也能够有效防伪。

此外，区块链的智能合约功能可以确保定制产品按照预定标准完成生产，确保定制产品的高标准交付，提升了消费者满意度。

7. 增材制造与传统制造的结合

这种结合正在成为一种高效且灵活的生产模式。

增材制造与传统制造的结合

当需求转向个性化或小批量生产时，传统方法往往面临较高的成本和较长的生产周期。增材制造具有较高的设计自由度和灵活性，可以快速响应个性化需求。

将增材制造与传统制造相结合，企业可以在大规模生产的基础上引入增材制造技术，进行个性化定制。

总之，个性化制造的兴起正深刻改变着制造业的运作方式，通过先进技术的协同应用为企业提供从生产到交付的全流程优化手段。

智能制造、物联网、大数据分析和增材制造技术等工具的结合，使企业能够在保持高效率的同时，灵活响应消费者的个性化需求。

四、个性化制造的成功案例

在多个行业中，个性化制造已展现出显著的优势和广泛的应用潜力。

个性化制造改变了制造业的运作方式

1. 小米的智能硬件个性化定制

小米公司在其手机、智能手表等产品的设计和生产过程中实现了个性化定制。消费者可以通过小米公司的线上平台自由选择配件、外观设计以及特定功能模块，从而打造符合个人需求和喜好的定制化产品。

例如，消费者可以选择手机的颜色、存储配置、外壳材质，甚至在智能手表上定制表带样式和表盘设计。

2. 斯特拉塔西斯的 3D 打印解决方案

斯特拉塔西斯（Stratasys）公司利用其先进的增材制造技术，为患者定制个性化的植入物、外科手术工具和医疗设备。

例如，斯特拉塔西斯公司能够根据每位患者的解剖结构，快速生产出精准适配的医疗器械，不仅提升了手术的成功率，还极大缩短了手术时间和患者的恢复周期。

斯特拉塔西斯公司的 3D 打印

此外，3D 打印技术帮助医生为复杂病患提供更加个性化的治疗方案，提高了治疗效果和患者满意度。

3. 可口可乐公司的“个性化瓶子”

可口可乐公司的“个性化瓶子”营销活动是将消费者的名字印刷在瓶身上，允许顾客购买到自己专属的饮料瓶。这一创意营销策略立即吸引了大量消费者的关注，并激发了他们的参与热情。

可口可乐公司的“个性化瓶子”

通过这种个性化的产品设计，可口可乐公司成功提升了销量，并有效增强了品牌忠诚度。消费者的分享行为，特别是在社交媒体上的广泛传播，进一步扩大了品牌的曝光率，并在年轻消费者中创造了口碑效应。

这些成功的个性化制造案例展示了不同企业如何利用先进技术和灵活的生产方式满足消费者的独特需求。

通过个性化定制，这些企业不仅提升了产品的附加值，还增强了品牌忠诚度和市场竞争力。

五、面临的挑战与解决方案

个性化需求的兴起为制造业带来了重要机遇的同时，也存在不少困难和挑战，比如生产复杂性增加、成本上升、需求变化快、技术集成难度大等。

个性化制造需要高度灵活的生产流程，这增加了管理和控制的难度。

此外，个性化制造通常导致单品成本上升。个性化制造依赖多种先进技术的协同工作，集成难度显著增加。

企业可以通过智能制造、自动化和模块化设计优化生产流程，以缩短转换时间、提升效率；可以通过优化供应链管理、引入 3D 打印技术，来降低生产成本；还可以通过实时数据分析和市场监测，提前预测消费者的变化需求，进一步降低成本。

企业需要建立跨部门团队，通过持续的人力资源技能培训和激励机制，培养和保留高素质人才。

个性化需求的崛起不仅重新定义了制造业的运作方式，还与新质生产力的发展紧密相连。

有了大数据、人工智能、增材制造等新兴技术的赋能，企业能够快速响应消费者需求，实现从生产流程到产品服务的全面创新。

这种转变不仅提升了生产效率和资源利用率，还创造了更大的市场价值，彰显了新质生产力在满足个性化需求、优化生产模式和推动可持续发展中的核心作用。

个性化制造和新质生产力的融合

第八章

跨越时空的合作

随着信息技术和通信技术的进步，全球化的合作和资源共享成为企业提升生产力、加速技术创新的重要手段。因此，跨越时空的合作能够形成全球产业链和创新网络，促进新质生产力的全面提升。

一、全球化对制造业的影响

在当今全球化的时代，制造业正经历着深刻的变革。技术的快速发展、市场需求的多样化以及竞争的加剧，使得企业面临前所未有的挑战。

为了应对这些挑战，单靠一家公司或一个地区的力量已经不足以满足市场的复杂需求。因此，跨国和跨行业的合作变得尤为重要。

在全球化背景下，企业能够跨越国界进行协作，从而形成更高效的生产网络和供应链。

因此，全球化背景下的跨国合作已经成为企业获得竞争优势、降低成本、创新产品、拓展市场和应对复杂环境的关键策略。

尽管跨国合作为企业提供了全球竞争的优势，但也伴随着诸如文化差异、沟通障碍和信任建立等挑战。因此，企业在追求合作时，必须充分认识到这些潜在问题，并通过建立有效的沟通机制、跨文化培训和信任管理等策略，确保合作能够顺利进行。

二、多样化的全球化合作模式

当前，企业全球化合作模式是多样化的、多层次的，具体的合作模式，可以概括为以下六种。

1. 战略联盟合作

战略联盟合作是集中各自的核心优势，加强资源共享、技术交流和市场协作等方面的协同效应，从而实现双赢。

例如，两家科技公司可以通过战略联盟，共享研发设备、实验室和技术人才，共同开发下一代创新产品。这样不仅降低了研发成本，还加速了产品的市场化。

此外，跨国公司可以利用本地企业的市场经验和网络快速进入新市场，而本地企业则通过引进先进技术和管理经验，提升自身竞争力。

2. 供应链合作

供应链合作是一种通过加强上下游企业之间联系，优化供应链管理的协作模式。

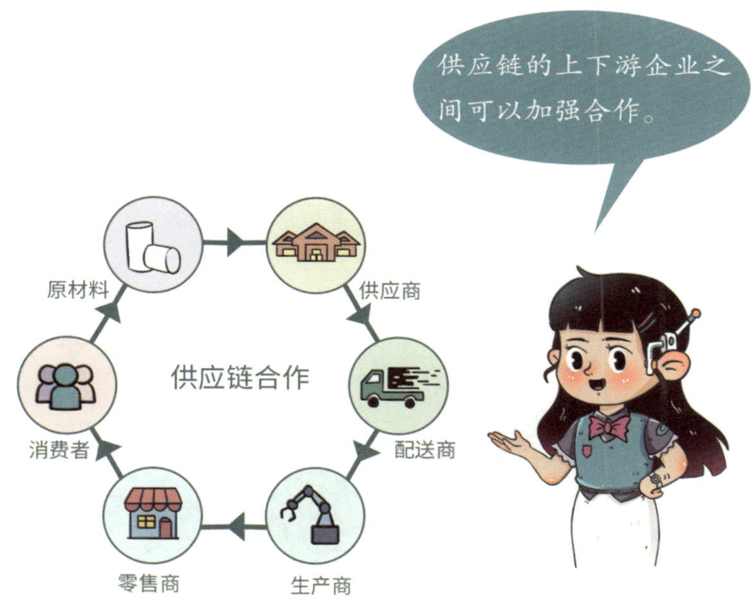

例如，制造商可以与原材料供应商共享实时订单和库存信息，确保原材料供应的及时性和适量性，避免因库存不足导致的生产中断或因过量库存产生的资金占用。

同时，物流企业通过与制造商和分销商的协作，优化运输线路和配送时间，降低运输成本，提高产品交付效率。

3. 产业集群合作

产业集群合作是指在特定区域内，多个相关企业、机构和组织聚集形成的协作网络，能够共享资源、技术和市场信息，形成完整的生态体系，从而降低了生产成本。

同时，技术交流和知识共享使得集群内的企业能够更快响应市场需求，加快了新技术和产品的开发速度。

此外，产业集中效应也能吸引更多的人才、资金和上下游企业的加入，进一步强化了集群的竞争优势。

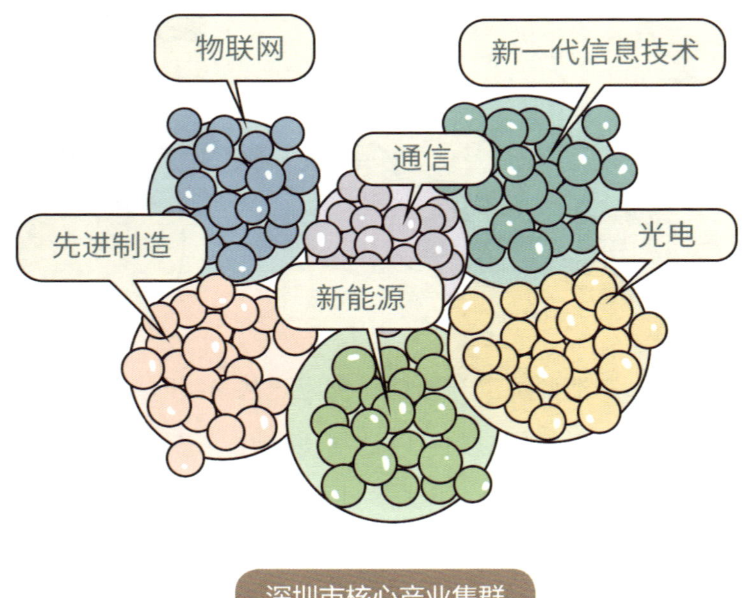

深圳市核心产业集群

4. 研发创新合作

研发创新合作是一种开放式的协作模式，通过企业与外部研究机构、高校以及创新企业的合作，利用不同领域的专长和资源，实现优势互补，从而加速技术创新和商业化进程。

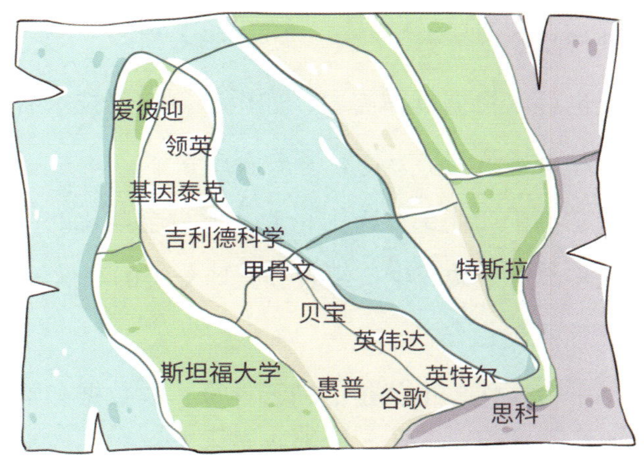

斯坦福大学与硅谷著名企业的研发创新合作

同样，成熟企业与初创公司的合作也十分关键，初创公司通常具备突破性的创新能力，而成熟企业则可以为其提供资金支持、市场渠道和产业化能力。

研发创新合作已广泛应用于人工智能、生物医药、可再生能源等领域。

5. 跨国合作

跨国合作使得企业双方能够充分利用不同国家的资源和优势，实现互补与协同。

例如，一些企业通过在发展中国家设立生产基地，利用其较低的劳动力和原材料成本，降低整体生产开支；同时，通过与技术领先国家的企业合作，提高尖端技术和研发能力，提升产品的竞争力。

企业也可以根据具体需要，如生产制造、技术研发、供应链管理及市场营销等方面，开展跨国合作。

例如，电子产业中，跨国企业常通过全球化的供应链网络，实现零部件采购、生产组装和全球分销的高效整合。

6. 数字平台合作

数字平台合作，也就是借助云计算、大数据和物联网等先进技术，企业可以在一个共同的平台上进行沟通、协作和决策，从而推动资源的快速流动和优化配置。

例如，阿里云是阿里巴巴集团推出的云计算平台，它帮助各类企业在同一个平台上进行数据存储、处理、分析和共享，提升了企业间的合作效率。

推动企业高效沟通与协作的阿里云

此外，企业间能够通过平台，促进跨行业的技术创新与产品开发。

总之，不同的合作模式为企业间的合作提供了多样的选择。

三、全球化合作的技术推动

数字技术的飞速发展为企业间的合作带来了革命性变化，成为推动高效、灵活合作的核心动力。

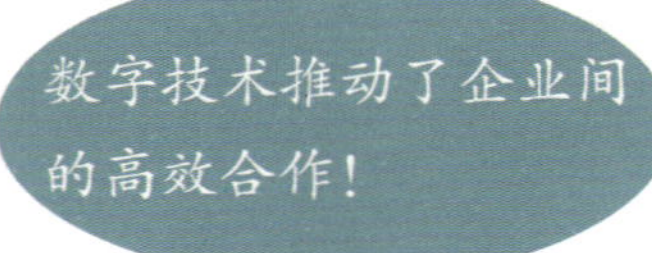

首先，云计算技术确保了合作伙伴能够实时访问信息，促进协同工作，并支持快速决策。

其次，大数据分析赋能企业精准洞察市场趋势、消费者行为和供应链动态，使合作伙伴能够制定高效的合作策略。

最后，物联网技术实现了实时监控和数据交换，帮助各方快速响应市场变化，优化生产及供应链流程。

区块链技术则通过去中心化的分布式账本为企业合作提供了安全、透明的环境，确保交易的真实性和不可篡改性，尤其在多方参与的复杂合作中显得尤为重要。

数字协作工具的应用，如视频会议、即时通信和项目管理软件，打破了地域限制，提升了团队沟通效率和响应速度。

自动化系统通过高效执行重复性任务，节约了合作双方的大量人力资源。

人工智能则帮助合作双方更精准地应对市场变化。

四、全球化合作的法律与伦理问题

在全球化的合作中，企业必须要认真对待法律与伦理问题。

首先，知识产权保护是合作中的核心问题之一。合作伙伴在共享技术和知识时，需要明确知识产权的归属、使用方式和保护措施，以避免日后的纠纷。

其次，合作协议应明确各项条款，确保符合法律法规，避免因不合法条款而产生法律责任。

企业应当确保数据的合法收集、存储与使用，同时采取必要的安全措施以防止数据泄露。

最后，合作项目应充分考虑其对环境的影响，确保项目的社会效益与环境效益。

跨国合作中的合作伙伴应尊重彼此的文化背景，并建立有效的沟通机制，减少潜在的伦理冲突，进而建立互信基础，推动合作关系的顺利发展。

只有在合法合规、道德和文化多样性得到充分考虑的前提下，企业才能实现真正的成功与可持续发展。

五、全球化合作的成功案例

当前，跨国和跨行业成功的合作案例数不胜数，也为其他企业提供了宝贵的合作经验。

1. 华为公司与西门子公司的深度合作

华为公司与西门子公司在智能制造和工业互联网领域展开了深度合作，推动了5G技术与工业自动化的融合。

华为公司领先的5G技术和云计算平台，可以实现高效的数据传输与远程控制，而西门子公司则拥有PLC、DCS、工业物联网解决方案等在内的先进技术。由于技术上的优势互补，这两家企业的合作推动了制造业的数字化升级和智能

华为公司与西门子公司在智能制造和工业互联网领域的合作

化转型。

2. 阿里巴巴公司与全球零售品牌的合作

阿里巴巴公司利用其全球化的电商平台，与多个国际零售品牌展开了跨国合作，帮助这些品牌在中国市场获得更高的销量和知名度。

让天下没有难做的生意

借助大数据分析、云计算和人工智能等技术，阿里巴巴公司能够精准预测消费者需求，优化库存流转，提高了供应链效率。

同时，阿里巴巴公司的智能推荐系统能够根据消费者的购买历史，为他们提供个性化的购物体验，增强了这些品牌的吸引力和用户黏性。

3. 比亚迪公司与丰田公司的合资合作

比亚迪公司与丰田公司在电动汽车领域展开了强强联合，双方成立了合资公司，专注于电动汽车技术的研发和生产。

比亚迪公司的电池技术和丰田公司的汽车制造经验相结合，不仅提升了新能源汽车的性能，还加速了全球电动化转型的步伐。

比亚迪公司与丰田公司在电动汽车领域的合作

通过这一合作，双方不仅能够满足全球市场日益增长的环保需求，还为全球汽车产业的绿色转型提供了有力支持。

4. 腾讯公司与京东公司的战略合作

腾讯公司与京东公司的战略合作推动了电商、社交和金融领域的创新与发展。

腾讯公司凭借其强大的社交平台和支付系统，为京东公司提供了广泛的用户触达和支付解决方案，帮助其在社交电商和线上支付方面占据了更大的市场份额。京东公司则以其领先的供应链和物流能力，帮助腾讯公司提升了电商业务的物流效率和用户体验。

腾讯公司与京东公司的战略合作

双方的合作不仅增强了各自业务的竞争力，也推动了线上购物与社交互动的无缝结合，创造了全新的电商生态。

5. 特斯拉公司与宁德时代公司的电池合作

宁德时代公司为特斯拉公司提供高性能的锂电池，支持特斯拉公司在全球市场的电动汽车生产，特别是在中国市场。特斯拉电动汽车的全球市场，也带动宁德时代公司的电池产品销往世界。

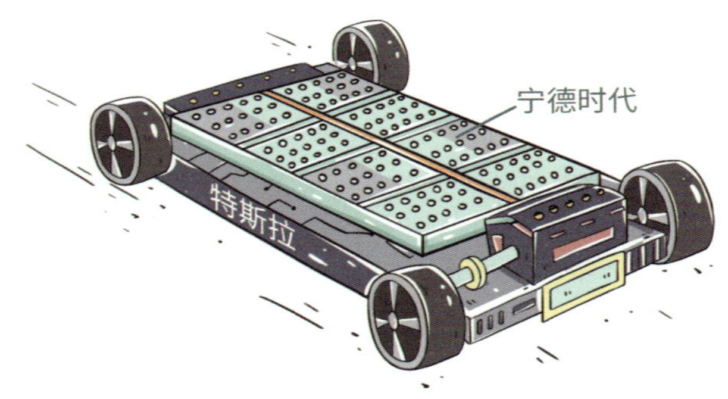

特斯拉公司与宁德时代公司的电池合作

这种合作有助于特斯拉公司降低电池成本、保障电池供应，并助力其电动汽车的全球扩张。而宁德时代公司则通过为特斯拉公司提供电池，进一步巩固了其在全球电池市场的领先地位，提升了其国际化的品牌影响力。

以上成功的合作案例说明，企业间通过合理的资源配置、技术共享和相互信任，可以实现协同效应，达到双赢的局面。

六、全球化合作的挑战与对策

然而，跨越时空的合作带来的不都是机遇，在实际操作中也面临着诸多困难和挑战。

第一，沟通障碍是跨国合作中最为常见的问题，常常导致信息传递不畅或误解。为解决这一问题，企业应建立多语言沟通渠道，帮助团队保持高效沟通，增强合作凝聚力。

第二，文化差异是影响合作成功的重要因素。

不同国家和地区的文化背景往往会导致合作中的摩擦与误解。为此，企业可以通过文化培训、开放式的相互沟通，让各方工作人员建立跨文化的信任。

第三，法律和合规风险，尤其是在跨国交易、知识产权保护等方面。企业应聘请专业法律顾问，确保各项合作活动及合同条款都符合所在国家的法律规定。

第四，信息安全与隐私保护。跨国合作中，企业应实施严格的信息安全政策，采取数据加密和访问控制等措施，保障数据的安全性。

第五，资源配置不均。为此，企业应制订公平合理的资源分配方案，并建立合作伙伴的绩效评估机制，确保各方在合作中获得合理的利益。

第六，信任缺失往往是合作初期的隐性挑战。为此，企业应通过小规模项目开展合作，逐步积累信任和经验，避免一开始就承担过大的风险。同时，合作双方定期分享项目进展和成果，增强透明度和信任感。

七、未来的合作趋势

企业间的全球化合作正在呈现出数字化、个性化、跨界和生态化趋势。

数字化合作将全面普及，跨国界的实时沟通与项目管理将更加高效和透明，虚拟协作平台将成为常态工具。

个性化和定制化的合作将深入发展，借助大数据和人工智能，企业能够精准理解消费者需求并提供定制化服务，打造差异化竞争优势。

跨界合作将成为新的合作模式，不同行业的融合将催生创新，推动全新的商业模式和解决方案出现。

生态系统合作也将兴起，企业将通过资源共享和技术联合，共同应对市场变化，创造更大的商业价值。

未来，企业间的全球化合作可以整合各领域的知识与资源，激发跨界创新的潜力，帮助企业快速响应市场需求，开发符合时代需求的新产品和服务，将有力推动新质生产力发展。

同时，新质生产力推动的经济、社会和环境的全面可持续发展，也必将促进企业间全球化合作的开展。

第九章

智能制造的未来

未来，伴随着人工智能、大数据、云计算等新兴技术的快速发展，生产过程将进一步实现智能化和自动化。智能制造将持续推动新质生产力全面提升，塑造全球产业新格局。

今天，智能制造已经从理论走向实践，成为全球工业发展的重要趋势。

随着科技的迅猛进步，制造业正经历一场前所未有的变革。这种变革不仅是技术层面的革新，更是整个产业链、供应链乃至商业模式的重塑。

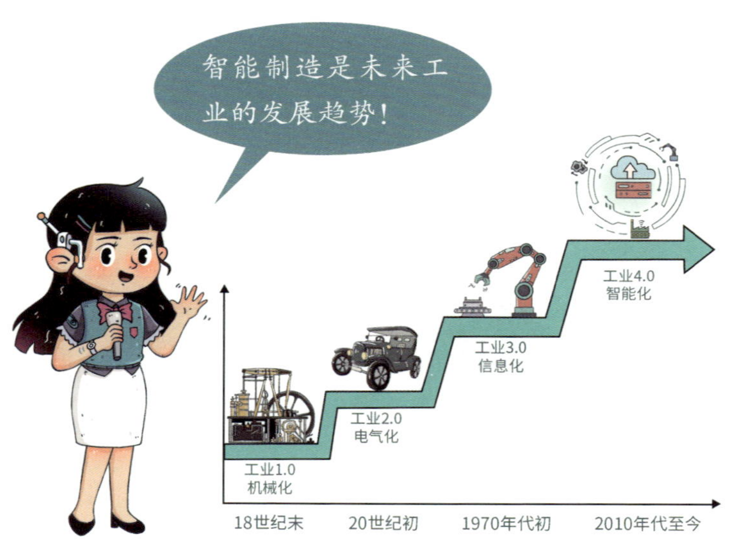

智能制造的核心在于将传统制造与现代信息技术相结合，形成一个高效、灵活和智能的生产体系。通过智能化的设备和系统，企业能够实时监控生产过程、优化资源配置、提高生产效率，并快速响应市场需求的变化。

一、中小企业的智能制造转型

中国作为全球制造业大国，中小企业占据着传统制造业的主体地位。因此，中小企业能否成功实施智能制造转型的意义重大。

2024年全国工商注册企业类型结构

中小企业数量众多、分布广泛，在产业链中扮演着不可或缺的角色，它们的成功转型不仅能推动上下游协同优化，还将整体提升行业的智能化水平，为中国制造业向高质量发展转型提供基础支撑，进而推动新质生产力向更高质量发展。

那么，传统中小企业如何顺利实现智能制造转型呢？

1. 找准转型切入点，循序渐进实施

在进行智能化转型时，企业应避免一蹴而就，而应采取循序渐进的方法。企业应根据自身的实际情况和发展阶段，选择合适的切入点。

转型的第一步是找准关键环节，可以从优化生产线的自动化水平开始，逐步提升生产效率，减少人工操作带来的误差和成本。

此外，利用大数据分析优化市场决策，也可以成为初期转型的重要方向。

通过数据挖掘了解消费者需求，精准预测市场趋势，提升供应链管理的效率。可以通过设立试点项目，在小范围内实施，积累经验并及时调整优化策略。

随着时间的推移，企业可以逐步将成功经验推广到其他部门或环节，最终实现全企业范围的智能化转型。

2. 量力而行，稳健投入

对于资金有限的中小企业来说，过度举债或加杠杆进行大规模投入可能带来较大的财务风险。

初期转型时，企业可以优先选择性价比高、见效快的解决方案，例如引入自动化设备或升级信息系统，在低风险增

效的同时，逐步积累转型经验和技术优势。保持财务稳健至关重要。

3. 充分利用全球化产业链资源

企业可以通过与国际领先企业的技术合作，引入先进的制造经验和前沿技术设备，以提升自身的技术水平和生产能力。例如，与全球知名的技术供应商合作，不仅能加快技术引进速度，还能借鉴国际最佳实践，优化生产流程。

此外，全球化供应链可以帮助企业在原材料采购、生产外包和物流管理方面获得更多选择，以降低生产成本并提升

运营效率。

4. 积极争取政策支持

为了更好地支持转型，中小企业应积极争取相关政策资源，主动对接智能制造专项补贴、税收优惠、研发资金等支持政策，降低转型成本。这些政策不仅可以减轻企业的资金压力，还能激励企业加快技术创新和智能化升级。

中小企业可以通过参与智能制造试点等项目，借鉴成功经验，提升自身的技术水平和管理能力。

把握好上述几条主要原则，传统的中小企业将有机会成功把握智能化浪潮。

二、新创智能企业的成功路径

对于新创立的智能制造企业，如何才能降低风险，更容易获得成功呢？

1. 明确差异化定位是成功的关键

企业可以选择聚焦于个性化定制、柔性制造、智能装备或绿色制造等细分领域，精准满足特定市场的需求。这种专注不仅能够帮助企业在复杂多变的市场中脱颖而出，还能有效规避行业内的同质化竞争。

此外，企业可以集中优势资源在最具潜力的细分市场中发力，从而最大化发展效益，避免盲目扩展或资源浪费。

2. 技术驱动是智能制造企业发展的关键动力

新创企业应将先进技术作为突破口，通过引入前沿技术，企业不仅能够优化生产流程，提高生产线的自动化和智能化水平，还能增强产品的精度和可靠性，从而提升整体竞争力。

此外，企业可以通过数据分析为客户提供定制化服务，创造新的盈利点，从而进一步巩固其市场地位。因此，技术驱动的创新不仅提升了产品性能，也为企业带来了全新的商业机会和发展空间。

3. 新创企业应始终将客户需求作为核心导向，特别是个性化和定制化的需求

企业应深入与客户沟通，了解其在生产过程中面临的挑战、技术瓶颈及需求变化，以此为基础，设计和生产专门针对不同客户的定制化产品和服务。

此外，企业应积极与供应链上下游企业或技术平台建立紧密的合作关系，帮助企业整合更多资源，更快速地响应市场需求，还能带来更多的市场机会，推动企业的持续发展。

4. 人才和企业文化是智能制造企业成功的关键因素之一

对于新创企业来说，吸引技术、市场和运营领域的顶尖

人才是确保企业取得竞争优势的基础。

同时，企业应通过培养创新文化，鼓励员工积极提出新想法，推动技术进步与服务创新。企业应鼓励各部门之间的沟通与合作，提升整体工作效率并解决复杂问题。这不仅能够帮助企业快速响应市场需求，还能增强团队的凝聚力和协同能力。

5. 充分利用风险投资显得尤为重要

通过引入风险投资，企业不仅能够获得所需的资金支持，用于推动技术研发、市场拓展和生产能力的提升，还能够为后续的发展奠定坚实的财务基础，使其在激烈的市场竞

争中占据优势地位。

风险投资不仅为企业提供资金支持，更通过其深厚的行业背景和市场经验，加速企业的成长与发展，帮助其在智能制造领域实现快速突破。

6. 政策对新创智能制造企业的成长具有至关重要的推动作用

企业应积极争取政府提供的智能制造专项补贴、税收优惠和研发资金支持等政策，帮助降低转型成本，减轻资金压力。通过这些政策支持，企业能够有效地加快技术研发、设备更新以及市场扩展，提升自身的竞争力。

政策支持十分重要

通过积极争取政府政策支持，企业可以在政策保障下稳步推进智能化转型，提升自身的市场地位，实现可持续发展。

案例一：小米汽车智能工厂

小米汽车通过清晰的差异化定位和技术创新，在智能电动车市场迅速崭露头角。

以“智能化”和“用户体验”为核心定位，小米汽车充分发挥其在智能硬件、物联网和人工智能技术方面的优势，将汽车产品与小米智能生态系统紧密融合，使得消费者在智能家居、智能手机与智能汽车之间实现无缝连接，从而形成强大的市场吸引力。

此外，小米汽车在生产制造方面同样表现出色，位于北京的小米汽车智能工厂 2024 年已投产。

案例二：三一重工的 18 号智能工厂

三一重工的 18 号智能工厂在 2022 年正式投产，成为亚洲最大的单体生产厂房，拥有先进的数字化和智能化生产系统。

通过引入数字孪生、工业物联网和人工智能等技术，18号智能工厂实现了生产流程的全面数字化，显著提高了生产效率。整体效率提升超过24%，生产周期缩短了28%，不良品率下降了14%，为智能制造行业树立了标杆。

三、智能制造的未来

未来的智能制造不仅是技术的竞争，更是企业在全球化背景下的综合竞争力体现。

1. 关注并掌握智能制造的关键技术

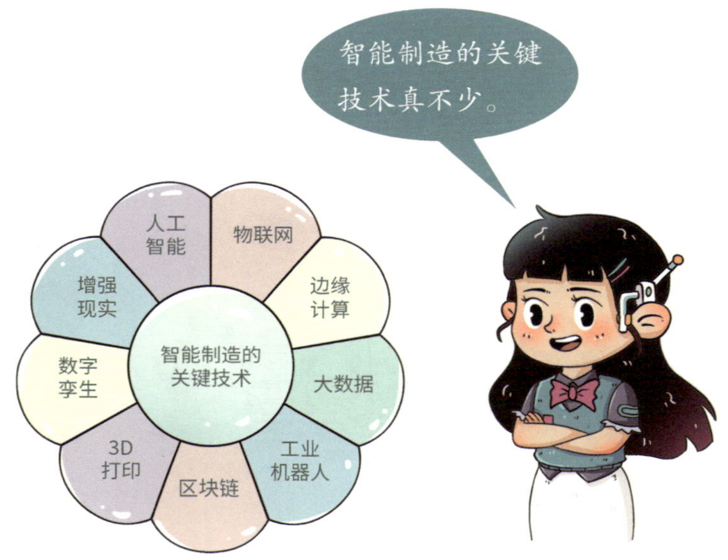

人工智能和机器学习通过大规模数据分析和自我优化能力，极大提升了生产效率和灵活性。

物联网则实时采集和传输数据，支持精准的生产管理和设备维护，帮助制造业实现数字化转型。

同时，数字孪生技术利用虚拟化的物理系统模型，提升了响应速度和生产灵活性。

3D 打印技术支持按需生产，并能够制造复杂结构，为个性化定制提供了全新的解决方案。

云计算与边缘计算的结合，让制造业的数据处理能力更加高效灵活，实现了管理数据化与智能化，同时增强了实时响应能力。

此外，虚拟现实（VR）和增强现实（AR）技术通过沉浸式培训和实时设备维护指导，提升了员工技能和设备维护的效率与准确性。

增强现实在智能制造上的应用

区块链技术确保了商品全流程的可追溯性，降低了供应链欺诈和风险。

5G-A，也称为 5.5G，是当前 5G 技术的重要升级版本，具备更快的传输速度、更低的延迟和更强的连接能力。

5G-A 不仅与人工智能、物联网、数字孪生等前沿技术深度融合，还广泛应用于智能制造、低空经济、智慧城市等领域，成为推动产业智能化、高效化、绿色化的重要引擎。

作为通向6G的关键一步，5G-A正引领通信网络迈向更高质量的发展阶段，助力新质生产力的全面跃升。

在智能交通方面，云计算支持交通数据的实时采集与分析，通过大数据算法优化交通流量、制定智能调度策略，提升了城市交通的效率与安全性。

环境监控系统则利用云计算的分布式架构，对空气质量、水资源与噪声污染进行全天候监测。

具身智能是指将人工智能系统嵌入具有物理形态的实体中，使其能够通过感知、行动和与环境的实时交互，实现类人或类生物的智能行为。

它是一种赋予人工智能“身体”的新形态智能，强调智能不是靠纯计算得来，而是在机器人与真实环境中不断互动、感知和行动中发展起来的。

近年来，随着大模型、多模态感知和机器学习技术的融合，具身智能广泛应用于人形机器人、自动驾驶、智能制造等领域，展现出强大的学习与适应能力。

作为通向通用人工智能的重要路径，具身智能让机器不仅“会思考”，更“会行动”，正在推动新质生产力向更高水平进化。

2. 着眼于可持续发展的长远目标

智能制造能够提升资源效率，减少材料浪费，优化能耗，最大化设备利用率，实现“以最少资源创造最大价值”

的绿色生产理念。

此外，智能制造推动了循环经济模式的深入应用，如废旧产品的回收与再制造。

低碳生产也成为智能制造的重要方向，企业通过引入清洁能源、高效设备和智能监控系统，不断减少温室气体排放。

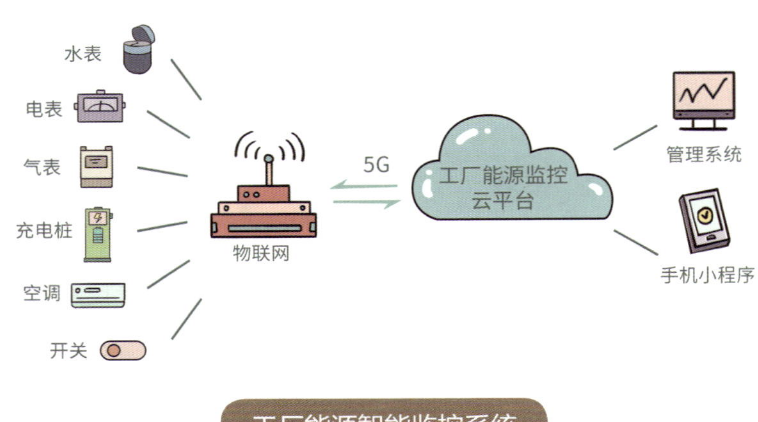

工厂能源智能监控系统

3. 顺应个性化与定制化的市场需求

当前，消费者不仅注重产品的质量与功能，更希望获得符合自身偏好和需求的个性化体验，智能制造的灵活生产方式使得定制化生产成为可能。

智能生产线可以按需实现快速调整，满足特定需求，能够大幅提升客户的满意度。

同时，大数据分析可以深入挖掘消费者喜好，为消费者提供更加贴合的产品和服务。

工业物联网、人工智能和数字孪生等技术则为生产灵活性和响应速度提供了技术支撑，使个性化定制得以高效实现。

在供应链方面，企业需与供应商建立紧密合作，确保原材料供应的快速响应和高效协作，以满足消费者对定制化产品的及时交付需求。

此外，通过持续收集客户的意见、建议，企业能够精准识别个性化需求，并快速迭代设计和生产过程，提供更符合客户期望的定制产品。

4. 增强全球资源整合与协作意识

全球化为智能制造的发展注入了新的动能，同时也带来了复杂的挑战。

跨国协作成为智能制造中的重要战略。通过共享技术、知识和经验，企业可以提升创新能力，加速产品开发与市场响应。在全球化背景下，资源的优化配置是提升效率和降低成本的关键，企业可以根据不同地区的比较优势选择最佳的生产基地。

例如，在劳动力成本低的国家设厂，或利用技术和原材料资源丰富的地区进行生产。

此外，全球化推动了供应链的全球布局。企业能够对供应链实时监控和灵活调整，确保生产和交付的高效性。

与此同时，不同文化背景的团队合作带来的多元化思维成为创新的重要驱动力，但需注意文化差异可能引发的沟通和协作问题。

在政策与法律法规方面，全球化也要求企业能够适应多变的贸易政策和法律法规，确保合法合规运营。

未来，技术的不断突破和市场需求的变化将为企业带来更多全球合作的机会。

5. 积极应对数据安全、承担社会责任

数据安全与隐私保护问题与智能制造相伴而生，需要通过健全的信息安全体系和合规操作来防范泄露与滥用风险。

同时，自动化的普及虽提高了效率，但对传统就业岗位构成挑战，企业应通过再培训和职业转型帮助员工适应变化。

随着人工智能在决策中的作用加深，责任归属问题需明确界定。另外，企业应主动披露个人数据使用的算法机制，确保公众的知情权，以及个人隐私不受侵犯。

四、智能制造推动新质生产力发展

通过集成最前沿的智能技术，智能制造能够实现生产过程的自动化、数字化和智能化，从而大幅提升生产效率、降低成本、提高产品质量，并在此基础上推动个性化定制、柔性生产等新型制造模式的发展。

新质生产力的未来依赖于技术创新、资源整合与跨领域协同。在这个背景下，智能制造不仅带来生产力的提升，还引领了生产方式、产业结构和商业模式的深刻变革。因此，智能制造是新质生产力的一项基础性创新，推动着经济结构持续升级。